KB220256

하나님과 팬데믹

TOM WRIGHT

God and the Pandemic

하나님과 팬데믹

툼 라이트 지음 | 이지혜 옮김

코로나와 포스트 코로나 시대에 대한 기독교적 성찰

비아
토르

현명하고 다정한 성도이자

1985-1997년 코벤트리 주교를 지내고

2020년 4월 11일 성 토요일에 코로나19로 작고한

사이먼 배링턴-워드Simon Barrington-Ward를 기리며

코로나19 유행 초기에 〈타임〉지에서 짧은 글을 써 달라는 청탁이 없었다면, 이 작은 책은 세상에 나오지 못했을 것이다. 그 글을 기획하고 편집해 준 선임기자 벨린다 루스콤베Belinda Luscombe와 글을 읽고 반응해 준 여러 독자에게 감사한다. 대부분은 고맙다는 내용이었고, 일부 질책하는 내용도 있었다. 이 책은 지금 같은 시기에 성경적이고 지혜로운 말이 무엇일지 찾아내기 위해 한 걸음 더 들어간 시도다. 폐쇄 기간이 길어지면서, 나를 포함한 많은 사람이 다양한 감정을 경험하고 있다. 내가 보기에는, 우리의 반응이 성경의 범위를 넘어서지 않는 것이 중요한데, 이 책에서 내가 시도하는 바가 바로 그것이다.

그렇다면 이 책의 목적은 팬데믹이 불러일으킨 질문들에 대한 '해결책'을 제시하는 것도 아니고, 우리가 거기서 얻을 수 있는 교훈이나 지금 당장 할 수 있는 일을 완벽하게 분석하는 것도 아니다. 내가 주장하는 바는 마음속에 쉽게 떠오르는 자동적인 반응을 거부해야 한다는 것이다. 우리가 이런 질문들에 포괄적인 수준 이상으로 대답할 수 있으려면, 먼저 성급히 '해결책'으로 비약하지 않고 애통하고 자제하는 시간이 필요하다. 별일이 없는 한, 해결책은 오기 마련이지만, 즉각적인 반응을 피하지 않으면 그것들을 듣지 못할 수도 있다. 애통하며 기도하다 보면, 어떻게든 우리가 말하고 싶은 내용을 그저 반복하기보다는 새로운 시각을 얻을 것이다.

굉장히 촉박한 시간에 이 프로젝트를 기꺼이 맡아 진행해 준 필립 로Philip Law와 SPCK에서 일하는 그의 동료들, 초고를 읽고 평가해 준 옛 친구들에게 진심으로 감사한다. 그중에는 꽤 날카로운 비평도 있었다. 특히, 마이클 로이드Michael Lloyd 와 브라이언 왈쉬Brian Walsh, 캐리 뉴먼Carey Newman, 사이먼 킹스톤Simon Kingston, 피터 로저스Peter Rodgers, 제임스 어니스트

James Ernest와 내 딸 해티Hattie에게 고마움을 전한다. 물론, 이들은 이 책의 내용에 대해서는 아무런 책임이 없다. 〈타임〉에 실린 원문을 읽고 그 글을 더 발전시키도록 격려하면서도, 이후에 추가된 원고에 신랄한 비평을 아끼지 않은 아내 매기도 마찬가지다.

톰 라이트
옥스퍼드 위클리프홀
2020년 4월

- 1장

- 어디서부터

- 시작해야 하는가?

마치 어떤 그리스어 불규칙 동사 같다. 패닉panic(공포), 팬데믹pandemic(유행병), 팬골린pangolin(천산갑), 팬데모니엄pandemonium(대혼란). 그런데 알고 보니 불규칙 바이러스다. 이전에도 사스SARS나 광우병 같은 것이 있었다. 한동안 걱정스러웠지만, 우리는 결국 이겨냈다. 수백만 명이 사망할 것이라는 우울한 전망은 과장에 불과했다. 이번에도 같지 않을까?

마르틴 니묄러Martin Niemöller 목사가 했다는 아이러니한 말이 떠올랐다. 비슷비슷한 이야기가 떠돌지만, 골자는 똑같다. 그는 1930년대 독일을 이렇게 이야기했다.

그들이 유대인들에게 왔을 때 나는 아무것도 하지 않았다, 나는 유대인이 아니었기에. 그들이 사회주의자들을 가뒀을 때 나는 아무것도 하지 않았다, 나는 사회주의자가 아니었기에. 그들이 가톨릭 신자들을 덮쳤을 때 나는 아무것도 하지 않았다, 나는 가톨릭 신자가 아니었기에. 마침내 그들이 내게 왔을 때 나를 도와줄 사람은 단 한 사람도 없었다.

서양에서는 코로나 바이러스에 이렇게 반응했던 것 같다. 맨 처음 코로나가 중국을 덮쳤지만, 우리는 중국인이 아니고, 머나먼 중국은 (천산갑을 먹는 것 같은) 희한한 일이 벌어지는 그런 나라였다. 그다음에는 이란을 덮쳤지만, 걱정하지 않았다. 이란도 아주 먼 나라일 뿐 아니라, 우리가 사는 곳과는 너무 달랐다. 이탈리아에 퍼졌을 때도, 이탈리아인들은 사교적이고 접촉이 많으니 그럴 수도 있겠지만 우리는 괜찮을 거라고 생각했다. 그런데 런던까지, 그다음에는 뉴욕을 덮쳤다. 순식간에, 세상에 안전한 곳은 아무 데도 없게 되었다.

중립지대는 없다. 의료 분야에서는 전시의 스위스 같은 중립국이 없다. 잠시 난리를 피해 쉬면서 전략을 생각해 볼 그런 곳은 없다.

도대체 무슨 일이 벌어지고 있는지 아는 사람이 있는가? 이런 일이 벌어지는 이유는 무엇인가? 우리에게 뭐라도 말해 줄 사람이 있는가? 우리는 어떻게 대처해야 할까?

대부분의 고대 세계는 물론 현대 세계 많은 곳에서도, 지진, 화산, 화재, 전염병 같은 주요 재난은 분노한 신과 연관되

곤 한다. 안 좋은 일이 생겼다고? '누군가' 당신에게 앙심을 품은 것이 틀림없다. 고대 그리스와 로마의 이교 세계에서는 이렇게 추정했다. 당신이 제사를 제대로 드리지 못했거나, 혹은 기도를 제대로 하지 못했거나, 너무 끔찍한 일을 저질러서, 도덕 관념이 없는 올림포스산의 신들조차 단호한 조치가 필요하다고 느꼈다는 것이다.

고매한 철학자들은 생각이 조금 달라서, 다음 세 가지 대안을 내놓았다.

첫째, 스토아학파에서는 세상만사가 다 정해져 있다고 믿는다. 그것을 바꿀 도리는 없으니, 그냥 거기에 맞춰 사는 법을 배워야 한다.

다른 대안으로는 에피쿠로스학파가 있다. 이들은 모든 일이 무작위로 일어나기에 우리가 할 수 있는 일은 아무것도 없다고 생각한다. 그러니 최대한 평정을 유지하려고 할 뿐이다.

마지막으로, 플라톤학파가 있다. 이들은 현세는 실재의 그림자에 불과하다고 믿는다. 이 땅에서는 나쁜 일이 생기지만, 우리는 다른 세상으로 가게 되어 있다.

현대에도 이와 비슷한 생각들이 있다.

어떤 사람들은 그냥 잘 버티려고만 한다. 총알이 당신을 겨냥해도 어쩔 수 없다는 식이다.

대부분의 현대 서양인은 에피쿠로스학파와 같은 쾌락주의자다. 세상에는 온갖 일이 벌어지지만, 이들은 그저 안락한 곳을 찾아 자리를 잡고 남들과 격리된 채 넷플릭스를 즐긴다. '이 또한 지나가리라' 생각하면서.

일부 그리스도인을 포함한 어떤 사람들은 플라톤을 선택한다. 죽음은 최악의 결과가 아니다. 우리는 다른 곳을 향해 가고 있으니 말이다. 그러니 침착하자. 대신, 교회(또는 골프 클럽) 문만 닫지 말아 달라.

그러는 사이, 난민 수용소와 빈민가, 시장통의 고통은 깊어만 간다. 전 세계에서 슬픔이 자욱한 연기처럼 피어오르고 있으니, 우리는 감히 하지 못하는 질문을 던진다. '도대체 왜?'

사실, 내가 지난 두어 주 사이에 들은 최고의 대답은, '왜'라는 질문에 대한 답이 아니라, '무엇'이라는 질문에 대한 답이었다. 우리는 무엇을 할 수 있는가? 영국 정부는 공공 의료 서비스 NHS를 도와줄 자원봉사자들을 요청했는데, 순식간에 50만 명이 지원했다. 지원자가 너무 많아서 모두에게 적절한 업무를 배분하기가 벅찰 정도였다. 은퇴한 의사와 간호사들이 전선으로 복귀했다. 그중에는 바이러스에 감염되어 목숨을 잃은 사람들도 있었다.

이들은 전염병이 돌 때 초기 그리스도인들이 한 일을 하고 있다. 2-3세기에 심각한 질병이 마을을 덮치자 부자들은 산으로 피신했다(저지대의 공기 중 악취가 문제가 될 때가 종종 있었다). 그리스도인들은 떠나지 않고 사람들을 돌보았고, 그러다가 병에 걸려 죽기도 했다. 사람들은 몹시 놀랐다. "도대체 왜 그랬죠?" 그들은 "아, 우리는 이 예수님을 따르기 때문입니다. 그분이 우리를 구하려고 자기 목숨을 내려놓으셨기에 우리도 그렇게 합니다"라고 대답했다.

그전까지는 아무도 그렇게 할 엄두를 내지 못했다. 당연히 복음이 퍼져 나갔다. 로마가 그리스도인들을 없애려고 온갖 애를 써도 소용이 없었다.

놀라운 일은, 세상이 거기서 힌트를 얻었다는 것이다. 역사학자 톰 홀랜드Tom Holland는 최신작 《도미니언Dominion》에서, 오늘날 우리가 당연하게 여기는 사회적 태도가 대부분 기독교에서 비롯되었다고 주장했다. 고대 이교도들은 그렇게 하지 않았다는 것이다. 의료는 돈이 들었다. 교육도 마찬가지였다. 가난한 사람은 게으르거나 불행해서 가난(하다고 사람들은 생각)했다. 가난한 사람을 돌보는 것은 사회의 책임이 아니었다.

그리스도인들은 동의하지 않았다. 이들은 유대인에게서(물론, 예수님을 통해) 삶의 규율을 가져왔다. 유대인들에게는 고유한 문서, 곧 그들의 경전이 있었는데, 이 문서는 한 하나님이 계셔서 가난한 사람들, 병든 사람들, 소외된 사람들, 종들에게 특별히 관심이 있으시다는 믿음을 계속 이야기했다. 그 사상가들은 때로 스토아학파나 플라톤학파를 건드려 보기도 했다(지금도 그렇지만, 당시 이들에게 쾌락은 입에 담을 수 없는 말이었기에 에피쿠로스학파는 아주 멀리했다). 하지만 그 공동체는 대체로 일종의 확대 가족 형태의 공동체 생활을 실천했다. 예수님의 초기 제자들도 그러한 공동체 생활을 했지만, 그 공동체는 점점 더 커지고 다양한 신자 '가족'으로 확대되었다. 긴 이야기를 간단히 말하자면, 현대 세계는 의료, 교육, 모든 사람을 위한 사회복지 등 일부를 거기서 빌려왔는데, 때로 그것을 스스로 발견했다고 여기는 바람에 이제 '종교적인' 부분이 약해진 것이다. 하버드의 심리학자 스티븐 핑커Stephen Pinker는 이 점을 열정적으로 주장한 바 있다.

그러면 우리는 어디에서 시작해야 할까?

기독교적 반응?

코로나 바이러스가 급속히 확산하면서, 교회 내 많은 사람이

고대의 반응과 비슷한 '기독교적' 반응을 찾으려고 애썼다. 세상에는 음모 이론이 가득하다. 어떤 미국인들은 모든 게 중국 탓이라고 생각하고, 어떤 중국인들은 모든 게 미국 탓이라고 생각한다. 그 밖에도 수많은 생각이 마치 바이러스처럼 쉽사리, 어떤 면에서는 위험하게 퍼지고 있다. 서로 비난하기는 쉽다. 더군다나 항상 **남** 탓만 한다면 말이다. 모든 문제를 저급하지만 강력한 오늘날의 '문화 전쟁' 관점으로 보는 데 익숙해진 사람들은 아무 소용 없는 쉬운 답을 찾으려 할 것이다. 코로나19가 온 세계에 불러온 위기는 2005년 허리케인 카트리나가 미국 뉴올리언스에 미친 영향과 맞먹는다. 그 끔찍한 결과는 정치·사회 구조가 이미 부패할 대로 부패했음을 보여준다.

그런가 하면, '기독교' 음모 이론도 존재한다. 어떤 사람들은 무엇이 문제이고, 하나님이 이 사태를 통해 무엇을 말씀하시려는지 정확히 알고 있다고 믿는다.

이것을 종말의 징조라고 말하는 사람들이 있다. 지난 몇 세대 동안 미국에서 '종말' 산업이 횡행했다. 그 파생 상품은 다른 여러 나라에서도 인기를 끌었다. 몇 가지만 예를 들면, 핼 린지Hal Lindsey의 《대유성 지구의 종말The Late Great Planet Earth》과 팀 라헤이Tim LaHaye와 제리 젠킨스Jerry Jenkins의 《레프트 비하인드*Left Behind*》 시리즈가 있다. 이 책들은 성경 여기저기서 짜깁기한 내용을 근본주의자들의 신앙과 엮어 공포 영화 시나리오를 만들었다. 그 내용은 기본적으로 플라톤주의로, 아마겟돈을 뒤로하고 이 세상을 떠나 '천국에 가는 것'이 목표다. 그리고 이제는 코로나 바이러스를 종말의 징조로 묘사한다.

다른 그리스도인들은 이것을 절호의 기회로 본다! 지금은 모든 사람이 어떤 간식을 살지 고민하기보다 죽음에 대해 생각하니, 수많은 사람이 하나님께 돌아올 것이다. 우리는 이때를 기회 삼아 친구들에게 예수님을 소개하고, 그분을 통해 천국에 갈 방법을 알려 줄 수 있다. 이번에는 우리 이야기를 들을지 모른다.

구약성경 예언자들을 인용하여 고대 이교도의 이론 같은 것을 만들어 내는 사람들도 있다. 나쁜 일이 생기면, (하나님이 만사를 주관하시니) 그것은 틀림없이 하나님이 하신 일이다. 따라서 하나님이 무슨 이유에서인지 우리에게 분노하셨다는 뜻이 틀림없다. 예언자 아모스가 떠오른다. 그는 "어느 성읍에 재앙이 덮치면, 그것은 주님께서 하시는 일이 아니겠느냐?"(아모스 3:6)라고 물었다. 기근, 병충해, 전염병은 모두 하나님의 백성이 그들의 악한 길을 회개하도록 이끌기 위해 마련된 것이었다(4:6-11). 하지만 그것도 소용없었다. 그러니 이제는 더 심각한 상황이 닥칠 것이다. 다른 많은 예언자도 동의했을 것이다. 오늘날에도 자기가 싫어하는 사람들을 비방하려고 이런 시류에 편승하려는 사람들이 있다. 이게 다 우리가 못마땅해하는 생활 방식으로 살아가는 '다른' 사람 잘못이라는 것이다.

우리의 출발점은 구약성경이다. 거기서 확실히 실마리가 되는 본문을 찾을 수 있다. 물론, 그러려면 해석이라는 큰 문제가 뒤따른다. 우리는 훌륭하지만 무시무시한 사람들이 주전 8세기에 말한 내용을(최소한 유비만이라도) 혼란스럽고 공포에 질린 주후 21세기 세상에 바로 가져다 쓸 수 있을까?

2장

구약성경

읽기

아모스는 하나님이 하시는 모든 일은 그분의 비밀을 "그 종
예언자들"에게 보이시는 것이라고 말했다(아모스 3:7). 그동안
우리는 그 비밀을 알려 준다는 수많은 예언자를 보았다. 그
들은 인과관계를 따지는 실용주의자들(이는 정부가 전염병 대책
을 제대로 세우지 못해서다)에서부터 너무나도 초연한 도덕주의
자들(이는 세상이 성적인 죄를 회개해야 하기 때문이다), 타당하지만
관련이 없는 관심사들을 이야기하는 이들(이는 생태 위기를 깨
우쳐 준다)에 이르기까지 다양하다. 때로 우리는 코로나 바이
러스가, 그들이 어쨌든 하고 싶어 하는 이야기를 더 크게 말
하게 해주는 확성기가 되고 있다는 인상을 받기도 한다.

　그렇다고 해서 우리가 얻어야 할 중요하고 확실한 교훈이
없다는 뜻은 아니다. 이 부분을 고쳐 쓰고 있던 날, 뉴욕 이스
트 할렘의 한 병원에서 의료 봉사를 하는 의대 학생에게서 난
데없는 이메일을 한 통 받았다. 그는 여러 이유로 의료 보험

이 없어서 이미 다른 질병으로 쇠약한 사람들 사이에서 코로나가 퍼지는 모습에 충격을 받았다. 그들은 코로나19에 감염될 뿐 아니라, 그 바이러스를 옮기고 있었다. 이것은 도덕주의적 비약("나쁜 일이 생겼다고? 그건 낙태, 게이 인권 같은 것 때문이야"라고 말하는 사람들이 있다)이 아니라, 현 상황에 대한 냉정하고 현실적인 분석이다. 그런 비약은 좋은 방법이 아니다. 그리고 이 모든 것의 배후에는 지정학이라는 더 큰 문제가 있다. 왜 중국은 세계보건기구World Health Organization의 보고를 입막음하려 했는가? 왜 이란은 그렇게 초기에 이 병에 걸렸는가? 영국의 브렉시트는 보건 정책에 어떤 영향을 미쳤는가? 행동에는 결과가 따르는데, 행동하지 않는 것도 마찬가지다.

히브리 성경에서 가장 큰 재앙은 바빌론 유수였다. 대예언자들은 이 사건을 이스라엘의 죄에 대한 대규모 형벌로 해석했다. 이는 신명기에 나오는 언약의 약속과 경고, 즉 축복과 저주로 거슬러 올라간다. 예레미야와 에스겔 같은 책들은 이점을 확실히 했다. 이스라엘은 신명기에서 금하는 일들(특히, 이교 우상을 숭배하고 그에 딸린 행위를 한 죄)을 저질렀고, 그 결과로 하나님은 하겠다고 말씀하신 일을 하셨다. 역사상 가장 가슴 아픈 장편 시로 꼽히는 예레미야애가는 그 성, 백성이 사라져 버린 그 성을 바라본다. 평소라면 학생과 관광객으로 넘쳐났을 옥스퍼드의 빈 거리를 자전거로 다닐 때마다 그 이미지가 내 뇌리를 떠나지 않는다. 예언자는 먹을 것을 찾아도 아무것도 먹지 못하는 죄 없는 아이들을 보며 눈물을 흘린다.

> 젖먹이들이 목말라서 혀가 입천장에 붙고,
> 어린 것들이 먹을 것을 달라고 하여도 한술 떠 주는 이가 없구나.
>
> (예레미야애가 4:4; 또 2:12을 보라)

옛 신앙 전통에 대한 사람들의 기억은 상황을 더 나쁘게 만들 뿐이다.

> 주 하나님, 영원히 다스려 주십시오. 주님의 보좌는 세세토록 있습니다.
> 어찌하여 주님께서는 우리를 전혀 생각하지 않으시며, 어찌하여 우리를 이렇게 오래 버려두십니까?
> 주님, 우리를 주님께로 돌이켜 주십시오. 우리가 주님께로 돌아가겠습니다. 우리의 날을 다시 새롭게 하셔서, 옛날과 같게 하여 주십시오.
> 주님께서 우리를 아주 버리셨습니까? 우리에게서 진노를 풀지

않으시렵니까?

(예레미야애가 5:19-22)

다른 곳에 나오는 회복을 구하는 기도는 더 노골적이다. "우리가 죄를 지어 포로가 되었으니 이제 당신 앞에 나아와 용서를 구합니다." 그중에서도 다니엘 9장이 가장 솔직하다.

주 우리 하나님은 우리를 긍휼히 여겨 주시고 용서하여 주셨으나, 우리는 하나님께 반역하였습니다. 우리가 우리 주 하나님께 순종하지도 않고, 하나님의 종 예언자들을 시키셔서 우리에게 말씀하여 주신 율법도 따르지 않았습니다.

(다니엘 9:9-10, 9장 전체가 다 중요하다)

국가적·역사적 차원에서 재앙을 그렇게 보아야 한다면, 아니 적어도 바빌론 유수의 경우에 그렇다면, 그보다는 작은 개인적 관점에서도 때로는 똑같아야 하는 것처럼 보인다. 열왕기상에는 아들을 잃은 과부가 아들의 죽음을 자기 죄 때문이라고 추정하는 끔찍한 장면이 나온다. 예언자 엘리야를 집에 들인 탓에 그 형벌로 아들이 죽게 되었다고 생각한 것이다(열왕기상 17:18). 아들을 다시 살린 엘리야는 그런 잘못된 추

28

정을 바로잡는다.

하지만 잘못된 행동과 불운이 항상 직접적인 인과관계로 이어진다는 소문은 끈질기게 계속된다. 시편 1편은 착한 사람은 번영하고 악한 사람은 비참한 최후를 맞는다고 말한다. 그와 동일한 주제를 좀 더 확장한 묵상이라고 할 수 있는 시편 37편에는 눈에 띄는 구절이 등장한다.

> 나는 젊어서나 늙어서나,
>
> 의인이 버림받는 것과 그의 자손이 구걸하는 것을 보지 못하였다.
>
> (시편 37:25)

그럴 리가 없다. 우리는 봤다. 주변에서. 텔레비전에서. 마음속에서. 하지만 여기서는 일단 시편 기자의 말을 믿어 주기로 하자. 그는 평상시를 이야기하고 있으니 말이다. 정직하게 행동하면 좋은 결과가 나오고, 빈둥대면 위기가 닥칠 것이다. 하지만 지금은 평상시가 아니다(어쩌면 평상시라는 건 원래부터 없었는지도 모른다). 그러면 우리는 뭐라고 말해야 할까? 북적대는 난민 수용소에서 코로나 바이러스로 죽어 가고 있는 사람에게 그게 다 죄 때문이라고 설명해 보라. 다시 말해, 피해자에게 책임을 돌리는 것이다. 그게 늘 하던 방식이니까.

다행히도 우리의 온전한 정신(과 성경관)에는, 좀 더 균형 잡힌 그림이 있다. 시편 73편을 보자. 시인은 선한 사람에게 좋은 결과가 오고, 악한 사람에게 나쁜 결과가 온다는 '정상적인' 방식을 알지만, 현실은 그렇지 않았다. 악인이 번성하여 의인을 짓밟는다. 시인은 하나님의 성소에 들어가서야 비로소 마음이 치유되는 더 광범위한 관점을 어렴풋하게나마 볼 수 있다.

그다음에는 '뿌린 대로 거둔다'라는 관점을 구체적으로 부정하는 시편 44편으로 가 보자. 시인은 하나님이 과거에 자기 백성을 돌보셨다는 것을 안다. 하지만 정말로 끔찍한 일들이 벌어지고 있는 지금, 그는 이렇게 주장한다.

우리는 주님을 잊지 않았고, 주님의 언약을 깨뜨리지 않았습니다. 그러나 이 모든 일이 우리에게 닥쳤습니다.
우리가 마음으로 주님을 배반한 적이 없고,…
우리가 우리 하나님의 이름을 잊었거나,
　우리의 두 손을 다른 신을 향하여 펴 들고서 기도를 드렸다면,
마음의 비밀을 다 아시는 하나님께서
　어찌 이런 일을 찾아내지 못하셨겠습니까?
우리가 날마다 죽임을 당하며,

잡아먹힐 양과 같은 처지가 된 것은, 주님 때문입니다.

바울은 이 모든 신비를 이해하는 가장 중요한 실마리가 되는 로마서 8장에서 이 시편을 인용한다. 로마서 8장은 나중에 다시 다룰 것이다.

문제를 꺼내 놓고 잘 모르겠다는 듯 어깨를 으쓱하고 마는 다른 시편들도 있다. 시편 89편이 그렇다. 하나님이 놀라운 약속을 주셨고, 우리는 그 행복을 잠시 누린다. 하지만 지금은 하늘이 어두컴컴하고 모든 게 어긋나서 아무런 희망이 보이지 않는다. 이렇게 시가 끝난다. 굉장히 솔직하다.

아니면, 그중에서도 가장 어두운 시편 88편이 있다. 한번은 우리 부부가 성지 순례단을 이끌고, 몇몇 고고학자들이 예수님이 십자가에 달리시기 전날 밤을 보냈다고 주장하는 장소에 갔다. 1세기 대제사장의 저택 밑에 있던 지하 감옥이었다. 가이드는 우리에게 잠시 멈춰서 시편 88편을 읽어 보라고 권했다. 딱 들어맞는, 딱 들어맞게 참혹한 시였다.

아, 나는 고난에 휩싸이고, 내 목숨은 스올의 문턱에 다다랐습니다. 나는 무덤으로 내려가는 사람과 다름이 없으며, 기력을 다 잃은 사람과 같이 되었습니다. 이 몸은 또한 죽은 자들 가운데 버림을 받아서, 무덤에 누워 있는 살해된 자와 같습니다.…

주님, 어찌하여 주님은 나를 버리시고, 주님의 얼굴을 감추십니까? 나는 어려서부터 고통을 겪었고, 지금까지 죽음의 문턱에서 살아온 몸이기에, 주님께로부터 오는 그 형벌이 무서워서, 내 기력이 다 쇠잔해지고 말았습니다.…

주님께서 내 사랑하는 사람들과 이웃을 내게서 떼어 놓으셨으니, 오직 어둠만이 나의 친구입니다.

(시편 88:3-5, 14-15, 18)

이 시편들만으로도 이미 우울하고 무시무시한 산과 같다. 하지만 우리는 그 뒤에 떡 버티고 있는 더 어둑한 산을 감지할 수 있는데, 그것이 바로 욥기다. 코로나 바이러스는 하나님이 사람들에게, 아마도 당신에게 회개를 요청하신다는 뜻이라는 말을 들을 때마다 그 사람들에게 욥기를 읽으라고 이야기해 주라. 내 말인즉, **그 말이 틀렸다**는 뜻이다.

죄 때문이라고 말한 사람은 욥의 '위로자들'이었다. 그들은 욥이 남들은 모르는 잘못을 저질러서 하나님이 벌을 주고 계신다고 확신한다. 욥은 그들의 말이 맞다면 하나님이 불공평하시다고 똑같이 확신한다. 처음부터 비밀을 알고 있는 독자들은 둘 다 틀린 것을 안다. 하지만 욥보다는 '위로자들'이 훨씬 더 많이 틀렸다. 전혀 다른 전쟁이 진행 중이다. 욥기는 우리의 태평스러운 신앙생활이라는 새장을 흔든다. 하늘과 땅에는 우리가 철학, 심지어 '기독교' 철학에서 꿈꾸는 것보다도 훨씬 더 많은 고통과 수수께끼가 있다는 점을 일깨워 준다.

욥기에는 '해결책'이 없다. 혹시 있다고 해도, 만족스러운 답은 아니다. 짧은 '해피 엔딩'이 등장하지만, 완전한 행복은 아니다. 욥은 잃어버린 자녀를 대신할 아들딸을 얻는다. 그렇다고 해서 괜찮아지는가? 하나님이 욥에게 그분의 능력과 힘을 보여 주시고, 욥은 자신이 그분의 경쟁 상대가 될 수 없음을 깨닫는다. 그렇다고 해서 괜찮아지는가? 그렇다면 스토아주의가 된다. 만사가 다 정해져 있으니 당신이 할 수 있는 일은 아무것도 없다. 그저 참고 견딜 뿐.

나는 이런 미해결이라는 특징이 욥기가 말하려는 핵심 중의 하나라고 생각한다. 예수님의 이야기가 욥기에 일종의 해결책을 제시한다는 식의 설교와 책이 많이 나와 있다. 그럴지도 모르겠다. 욥은 자신과 하나님 사이에서 자기 이야기를 들어주고, 양편을 대변할 수 있는 존재를 간절히 바란다. 그는 "우리 둘 사이를 중재할 사람이 없고, 하나님과 나 사이를 판

결해 줄 이가 없구나!"(9:33)라고 한탄한다. 그는 사람이 죽으면 다시 살 수 있느냐고 묻는다(14:14). 그는 이생에서는 가능할 것 같지 않은, 만사를 바로잡을 궁극적인 정의를 갈망한다(9:21, 23-24). 신약성경은 이 모든 내용을, 같은 하나님, 이스라엘의 하나님이 예수님을 통해 하셨고 하실 일과 관련하여 언급한다. 하나님과 인간 사이에 예수님이 계신다. 그분은 죽음을 통해 새 생명으로 가는 길을 보여 주셨다. 만사를 바로잡으셨고, 결국에는 해결하실 것이다.

하지만 이것이 그리 간단하지만은 않다. 욥기는 구약성경에 서로 전혀 다른 (최소한) 두 차원이 있음을 계속해서 일깨워 준다. 이스라엘 이야기, 혹은 하나님과 이스라엘의 이야기가 있다. 이 언약 이야기는, 창조주 하나님이 한 민족을 부르셔서 인류 구원과 창조세계 회복의 동역자로 삼으신 이야기다. 이 이야기는 어떻게 그 백성이, 즉 모든 인류를 죽이고 있는 '우상숭배와 불의'라는 최초의 바이러스를 온 인류에게 감염시킨 질병 '보균자'인 그들이 포로기라는 암흑을 통과하여 새 생명으로 나올 수 있었는지 들려준다.

예수님을 따르는 이들이 나중에 돌아본 이 전체 이야기에는 나름의 역학이 있다. 예수님 시대의 대다수 유대인은 순종하면 복을 받고 불순종하면 저주—궁극적으로는 유배—를 받는다는 신명기 27-32장의 '언약'이라는 관점에서, 하나님과 이스라엘의 이야기를 잘 이해하고 있었다. 이스라엘이 결국 회개하고 하나님께 돌아오면 그 후에는 회복이 올 것이다. 이 이야기는 다니엘 9장의 기도에서도 찾아볼 수 있다. 이사야 40-55장의 놀라운 시 역시 심판과 절망의 시간 이후에 찾아오는 하나님의 치유와 구원, 회복, 새 창조라는 같은 이야기를 들려준다. 1세기 유대인의 관점에서, 이런 성경 전통은 다 한 줄기였다. 예수님과 첫 제자들은 그 이야기를 자유로이 가져다가 눈앞에 벌어지고 있는 현상을 설명했다.

그러나 이 이스라엘과 하나님 이야기와 함께, 선한 창조와 처음부터 하나님의 선한 작품을 파괴하려 한 어둠의 세력에 관한 더 심오한 이야기가 있다. 내가 그 어둠의 세력을 이해한다고 주장하는 것은 아니다. 나중에 설명하겠지만, 우리는 그 어둠의 세력을 이해할 수 없다. 그저 무시무시한 상황과 엄청난 불의, 끔찍한 전염병이 닥칠 때, 혹은 죄가 없는데도 억울하게 고소를 당하고, 치료법은 고사하고 뚜렷한 원인도 없는 희귀병으로 고통받을 때, 우리는 애통하고, 불평하고, 상황을 자세히 이야기하고, 하나님께 맡겨야 한다는 것을 알 뿐이다. 하나님이 친히 마지막에 욥이 진실을 말했다고 선언하신다(42:8). 욥에게 벌어진 비극은 하나님이 공평하시다는 사실을 부인하는 것 같았지만, 그는 끝까지 그 사실을 붙잡았다.

예수님은 그 이야기를 가져다 사용하셨을 뿐 아니라, 그 이야기대로 사시고, 그 이야기대로 죽으셨다.

이제 그 예수님의 이야기로 들어가 보자.

● 3장

● 예수님과

● 복음서

신약성경의 중요한 단어 중에 **이제**Now라는 말이 있다. 그때
는 과거고, 이제는 지금이다. 바울은 인간의 곤경을 분석하고
나서 **그러나 이제는**이라는 말로 하나님의 해결책을 설명하기
시작한다(로마서 3:21). 새로운 일이 일어나고 있다. 예수님은
"때가 찼다"라고 말씀하셨고, 이스라엘 성경의 복잡다단한
이야기를 의식하고 살던 청중들은 오랫동안 기다려 온 것이
이제 다가오고 있음을 알아차렸다. 혹은 적어도 예수님은 그
렇게 생각하셨다. 예수님은 그분이 인용하신 고대 예언자들
처럼, 사람들에게 회개하라고 선포하고 계셨다. 당연하다. 그
것이 예언자가 해야 할 일이 아니던가?

그렇기도 하고, 아니기도 하다. 이따금 예수님은 이미 일어
난 재앙을 언급하시면서, 회개하지 않으면 그들이 다음 차례
가 될 것이라고 청중에게 경고하셨다(누가복음 13:1-9). 하지만
그 사건은 매우 구체적이었다. 로마 총독이 군대를 보내서 성

전 순례자들을 살해했고, 그다음에는 가까이에 있는 탑이 무너져서 열여덟 사람이 죽었다. 그들이 예루살렘에 있는 다른 사람들보다 죄를 더 많이 지었는가? 예수님은 아니라고 말씀하신다. "회개하지 않으면 너희도 모두 똑같이 멸망할 것이다." 실제로 이는 특별한 순간이었다. 고대 이스라엘 역사에, 당시 유대 백성과 제도의 역사에 매우 결정적인 순간이었다. 이 경고는 모두 예루살렘의 임박한 멸망을 가리켰다. 사람들이 근본적으로 삶의 방식을 바꾸지 않는다면, 로마의 칼과 무너지는 석조 건축물이 그들을 없애 버릴 것이다. 예수님은 대부분의 동시대인과는 달리 '시대의 표적'을 읽으실 수 있었다(누가복음 12:49-59). 여기까지는 예언자와 같다. 40년 후에, 예수님이 옳았음이 입증되었다.

하지만 예수님은 여기서 더 나아가셨다. 사람들이 예수님께 '하늘로부터 오는 표적'을 구하자, 그분은 그 요구를 불신의 표시로 보셨다. 그들은 확실한 것을 원했다. 예수님은 자신이 줄 수 있는 것은 또 다른 예언자의 표적, 즉 요나의 표적밖에 없다고 말씀하셨다(마태복음 12:39). 요나는 고래 뱃속에 들어갔다가 사흘 후에 살아서 나왔다. 예수님은 그 '표적'이, 지금 벌어지고 있는 일을 이 세대에 말해 줄 것이라고 말씀하셨다. 예수님이 행하고 계셨던 다른 '표적'들은 부정적이지 않았다. 아모스가 가리킨 예언자의 '표적'이나, 모세와 아론이 바로의 안일함을 흔들어 이스라엘 백성을 보내게 하려고 이집트에서 보여준 '표적'과는 달랐다. 그 '표적'들은 개구리나 메뚜기떼, 피로 변한 강 같은 희한한 경고 신호였다. 반면 (요한이 일목요연한 목록을 제공하는) 예수님의 '표적'은 하나같이 새로운 창조였다. 예수님은 물로 포도주를 만드시고, 병자를 고치시고, 굶주린 자에게 음식을 주시고, 눈먼 자를 보게 하시고, 죽은 자를 살리셨다. 다른 복음서도 몇 가지 표적을 더 보태는데, 그 표적들 중에는 격에 맞지 않는 사람들과 어울리신 잔치가 있다. 이 표적은 용서가 충만한 미래를 암시한다. 이 모두는 하나님이 하고 계신 새로운 일을 선포하는, 앞을 내다보는 표적이다. 바로 **지금** 하고 계신 일이다.

그래서 예수님은 출발점에 서 계신 것 같다. 때로 그분은 구약성경 예언자처럼 말씀하시고 행동하셨다. 사람들은 그분을 예레미야나 엘리야 같다고 말했는데, 이는 '온유한' 예수님이라는 일반적인 이미지와는 다른 인상을 준다. 그런가 하면, 병자를 고치시고 나서 "더 이상 죄를 짓지 마라. 그러지 않으면 더 나쁜 일이 생길 수도 있다"(요한복음 5:14)라고 말씀하시기도 했다. 하지만 다른 경우에는, 심판을 불러왔을 수도 있는 죄를 돌아보시지 않고, 지금 벌어지고 있는 새로운 일,

곧 하나님나라를 내다보고 계신 듯했다.

그것이 바로 요한복음 9장에서 볼 수 있는 그림이다. 예수님과 제자들이 길을 가다가 날 때부터 보지 못하는 사람을 보셨다. 제자들은 일반적인 질문을 던졌다. 오늘날 많은 사람이 코로나 바이러스에 대해 던지는 질문과 크게 다를 바 없는 내용이다.

> 제자들이 예수께 물었다. "선생님, 누구의 죄 때문에 이 사람이 눈먼 사람으로 태어났습니까? 이 사람이 죄를 지었습니까, 아니면 부모가 지었습니까?"

예수님의 대답은 손쉬운 (죄가 하나 들어가면, 벌이 하나 나오는) 자동판매기 신학을 무너뜨린다.

> 예수께서 대답하셨다. "그도 죄를 짓지 않았고, 부모도 죄를 짓지 않았다. 그를 통해 하나님의 일을 보이시려고 이런 일이 일어났다."
>
> (요한복음 9:2-3)

다시 말해, 예수님은 가상의 **원인**을 **돌아보시지** 않는다. 그렇게 되면 구경꾼들은 자기들이 내밀한 우주의 윤리 메커니즘, 곧 하나님이 벌하실 수밖에 없는 죄를 알고 있다고 우쭐할 수 있다. 오히려 그분은 **하나님이 앞으로 무슨 일을 하실지 내다보신다.** 그것은 곧 예수님 **자신**이 무슨 일을 하실지 내다보는 것과 같다. 그분은 세상의 빛이시기 때문이다.

그래서 예수님은 병자를 고치신다. 이제는 **지금**이다. 과거의 죄에 대해 곰곰이 생각할 때가 아니다.

예수님이 궁극적인 '표적'이시다

우리는 복음서가 중요한 전환의 순간에 계신 예수님을 어떻게 제시하는지 살펴보았다. 그분은 고대 예언 전통 전체를 요약하여, 예루살렘과 그 거주민들에 대한 최후의 경고라는 형태로 그 메시지를 다시 표현하고 계신다. 이제는 돌이켜서 로마에 대한 국가적 반역으로 도피하지 말고 하나님의 평화의 길을 따르라고 말씀하신다. 그렇지 않으면, 재앙이 임할 것이다. 누가복음 19장에 이것이 가장 분명하게 나타나 있다. 예수님은 망아지를 타고 예루살렘으로 올라가신다. 사람들이 그분의 평화의 길을 거부한 탓에 예루살렘 성에 임할 멸망을 애통해하며 눈물을 흘리시며.

그와 동시에, 예수님은 새로운 세상, 곧 그분이 친히 하나 뿐인 진정한 표적이 될 세상을 내다보신다. 그 표적은 요나의 상징적인 '죽음과 부활'처럼, 온 세상을 향한 회개의 메시지를 암시한다. 예수님은 전쟁과 기근, 지진 등에 대해 말씀하실 때 "그러니 이런 일이 일어날 때는 너희와 너희 사회가 마땅히 회개할 바를 곰곰이 생각해야 한다"라고 말씀하시는 것이 아니라, "놀라지 마라.…아직 끝이 왔다는 뜻은 아니다"(마태복음 24:6)라고 말씀하시는 것이다. 사람들이 종말에 집중한다면, 우리는 헬 린지든 라헤이와 젠킨스든 현재의 어떤 새로운 유행이든 '종말'에 대해 불안을 조장하는 가르침을 지양해야 한다. 오늘날처럼 1세기에도 음모 이론이 무성했다. 예수님은 그런 이야기들은 무시하신다. 그리고 말씀하신다. "침착하고, 나만 믿어라."

특히, 예수님은 제자들에게 기도를 주셨다. 사람들이 이 부분에 거의 주목하지 않는 점은 참으로 놀랍다. 오늘날까지 대부분의 기독교 전통에서 사용하는 이 기도는 복음의 **현재성**에 담긴 중요한 예언적 요소에 그 기반을 두고 있다. 예수님을 따르는 이들은 이 '주기도'를 통해, 전 지구에 갑작스러운 위기가 몰려올 때뿐 아니라 날마다 "하늘에서처럼 땅에서도 아버지의 나라가 오게 하시고"라고 기도한다. 또한 끔찍한 사건이 일어날 때뿐 아니라 날마다 "우리 죄를 용서하여 주시고"라고 기도한다.

하나님나라 백성과 회개하는 백성은 같이 가기 마련인데, 이것이 바로 예수님을 따른다는 의미다. 하나님나라를 구하는 기도와 용서를 구하는 기도, 이 두 기도가, 이 세상에서 활동하고 있는 반하나님나라 세력, 우리가 오래전에 회개했어야 마땅한 진짜 '죄'(인간의 정치 체제에서 우리가 다른 인간에게 저지르는 죄, 농업과 먹이사슬 체제에서 자연계, 특히 동물계에 저지르는 죄)를 경계할 수 있게 도와준다.

다시 말해, 예수님의 제자들이 하늘에서처럼 땅에서도 예수님의 나라를 찾게 만들 사건, 혹은 그들이 무심코 저지른 죄를 회개하라고 말해 줄 특별한 사건들을 기다리고 있다면, 태만한 것이다. 물론, 그리스도인들은 절대 태만하지 않다거나, 때로는 그들이 다시 정신을 차리도록 하나님이 재촉하실 수 없다는 말이 아니다. 그것도 주기도에서 다룬다. "우리를 시험에 빠지지 않게 하시고, 악에서 구하소서." 어떤 의미에서, 예수님을 따르는 법을 배우는 것은 주기도를 드리는 법을 배우는 것이라고 할 수 있다.

우리가 정말 그렇게 한다면, 급작스러운 표적과 함께 그

나라가 온다거나(예수님은 그렇게 말씀하시지 않았다) 예수님 시대 이후의 새로운 사건은 전 세계에 회개하라는 요청이라는(예수님은 그분의 죽음과 부활을 단 한 번의 요청으로 보셨다) 잘못된 '설명'을 피할 수 있을 것이다. 우리는 히브리서가 예수님을 가장 위대한 최후의 예언자로 선언한다는 진리를 발견한다. 하나님이 옛날에는 예언자들을 통해 말씀하셨지만, 이 마지막 날에는 "아들을 통해 우리에게 말씀"하셨다(히브리서 1:2).

이는 성경을 우리 시대의 충격적인 사건들에 어떻게 적용해야 하는지에 대한 수많은 가정과 주장 배후에 있는 질문에 꼭 필요한 답을 제공한다. 신약성경은 우리가 예수님을 그림의 중심에 두고 거기서부터 밖으로 움직여야 한다고 주장한다. 우리가 **예수님을 자세히 살펴보지 않은 채** 주변 세상을 보고 하나님과 그분이 하시는 일에 대해 성급한 결론을 내리는 순간, 매력적으로 보이지만—꽤나 '영적'이고 경외심을 불러일으키는 것처럼 보일 수 있다—실제로는 예수님을 그 그림에서 차단하는 '해석'을 강요하는 심각한 위험에 빠진다. 옛말에도 있듯이, 모든 것의 주님이 아니라면, 그분은 주님이 아니다.

그렇다면 예수님을 믿는다는 것은 실제로 어떤 의미인가?

이 세상에 예수님은 한 분뿐이다. 갈릴리에 오신 나사렛 예수님은 **이제는**이라고 말씀하신다. 이제 하나님이 왕이 되실 때다. 이제 회개하고 복음을 믿을 때다. 예수님은 하나님이 왕이 되시고, 결국에는 다시 오셔서 만사를 바로잡으신다는 복음에 대한 모든 고대의 약속을 매순간 재정의하고 계셨다. 그분의 비전을 중심으로 이 모든 내용을 재정의하셨다. 그래서 그분은 '비유'로 말씀하셨다. 그것은, 하나님나라는 **긍정하고**, 대부분의 동시대인이 그 '나라'와 '주권'과 신적 '통치'를 바라본 방식은 **부정한** 생생한 이야기였다.

그것은 틀림없는 1세기의 문제지만, 1세기에만 국한되지 않는다. 우리도 곰곰이 생각해 보아야 할 문제다. "코로나 바이러스가 유행하는데 하나님은 무얼 하고 계시는가"에 대한 많은 이야기가 하나님의 '주권'을 전제하고, **그 '주권'이 무슨 뜻인지 추정한다.** 하지만 예수님은 하나님의 주권에 대한 다른 의미를 드러내고 계셨다. 나병 환자를 고치거나 회개하는 여인에게 자신의 권위로 죄 사함을 선포하시며 그분은 **그건 이런 뜻이다**라고 말씀하고 계셨다. 격에 맞지 않는 사람들과 어울려 잔치를 벌이시면서 **그건 이런 뜻이다**라고 말씀하고 계셨다. 마지막으로 예루살렘에 올라가서 하나님의 평화의 길을 거부한 그 도성과 체제와 성전에 임할 하나님의 최종 심판을 엄숙히 선언하시면서 **그건 이런 뜻이다**라고 말씀하고 계셨다. 친구들과의 마지막 밤에 떡을 떼시면서 **그건 이런 뜻이다**라고 말씀하셨다. 머리 위에 "유대인의 왕"이라는 죄패를 붙인 채 십자가에 달려서 **그건 이런 뜻이다**라고 말씀하셨다.

사흘 후, 다락방에서 몹시 놀란 친구들에게 **그건 이런 뜻이다**라고 말씀하고 계셨다.

이런 사건들─예수 사건들, 메시아적 순간─이 하나님나라가 임했다는 궁극적인 선언이므로 우리가 그 사건들을 회개에 대한 궁극적인 요청으로 볼 준비가 되어 있지 않다면, 그것을 상쇄하려고 다른 사건들을 과도하게 해석할 수밖에 없다. 예수님의 자리인 빈 곳, 공백이 있을 수밖에 없어서 사람들은 (예수님이 경고하신 대로) "보라, 여기 있다!" 혹은 "보라, 저기 있다!"(누가복음 17:21)라는 말로 그 공백을 메우려 할 것이다.

그렇다면 예수님의 첫 제자들에게 그분의 죽음과 부활은 이제 하나뿐인 궁극적인 '표적'이었다. 아모스 같은 예언자들은 선구자였던 셈이다. 하나님은 이제 그 아들을 통해 영단번에 말씀하셨다. 우리가 신문 지면에서 하나님의 비밀 코드를 해석하려 애쓰는 모습은 똑똑해 보일 수 있다. 어쩌면 영적 통찰로 명성을 얻을 수도 있을 것이다. 하지만 사실상 우리가 그렇게 하는 이유는 진정한 이해의 열쇠가 어디에 있는지 잊어버렸기 때문이다.

이와 비슷하게, 세상 사건들을 해석하여 '재림' 시기를 알수 있다는 주장은 스스로 예수님보다 더 잘 안다고 주장하는 것이다(마가복음 13:32). 예수님이야말로, 사람들이 우상숭배와 불의와 모든 악의에서 돌이켜야 하는 이유다. 십자가는 세상의 모든 고통과 공포를 쌓아 처리한 곳이다. 부활은 하나님의 새로운 창조와 그분의 주권적인 구원 통치의 출발점이다. 이 일이 예수님의 몸의 부활과 함께 시작된다. 이 사건들이야말로 회개하라는 **유일한** 요청이요, 하나님이 세상에서 하고계신 일에 대한 **유일한** 실마리다. 복음 이야기를 살피지 않고 지진이나 쓰나미, 전염병 등에서 '하나님이 무엇을 말씀하고 계시는지'에 대한 결론으로 비약하려는 것은, 예수님을 배제한 채 하나님에 대해 무언가를 추론하려는 기초적인 신학적 실수를 범하는 것이다.

예수님이 들려주신 포도원 소작인 이야기에서도 똑같은 요점을 확인할 수 있다(마가복음 12:1-12, 마태복음과 누가복음 병행 구절도 함께). 이는 유명한 이야기다. 포도원 주인이 소출을 받으려고 종들을 보냈는데, 농부들이 거부하고 심지어 그들을 죽이기까지 한다. 결국에 주인은 최후의 수단으로 자기 아들을 보낸다. 그들이 자기 아들은 존중하리라고 생각했지만,

아니었다. 농부들은 그마저 죽이고 시체를 내던졌다. **이후로는 더는 종을 보낼 수 없었다**. 적용점은 분명하다. 예수님은 이후로는 더 이상 경고 표적이 없을 것이라고 말씀하고 계신다.

여기서 역사적 요점은, 하나님의 백성이 그분을 거부하면, 예수님이 그 나라와 특별히 성전에 임한다고 경고하신 멸망을 피할 수 있는 마지막 기회를 날려 버리게 된다는 것이다. 하지만 그 점은 교회가 발전할 때 똑같이 적용된다. 하나밖에 없는 아들을 포도원 소작 농부들인 이스라엘 백성에게 보내신 한 분 하나님에 대한 이야기는, 세상을 향한 교회의 사명에도 적용되었다. 한 분 하나님이 계시고, 그분이 세상을 향한 구원 계획을 드러내시려고 그 아들의 모습으로 오셨다면, 거기에 비길 만한 더 이상의 표적이나 경고는 있을 수 없다.

물론 한 번 더 하나님은 얼마든지 원하는 대로 하실 수 있다. 하나님이 특별한 방식으로 사람들의 시선을 끌기 원하신다면 그렇게 하실 수 있다. (이 글을 쓰던 날, 주방 청소 중에 갑자기 일어나려다가 찬장 문에 머리를 찧었다. 바닥에서 몸을 일으키면서, 문득 하나님이 내게 무슨 말씀을 하고 계신 것은 아닌지 궁금해졌다. 내가 도달한 유일한 결론은, 한꺼번에 너무 많은 일을 하려다 벌어진 사고라는 것이었다.) 하지만 그것은 표준이 아니다. 우리가 일반적으로 기대해야 할 바는 아니다. 우리는 재갈과 굴레를 씌워야

만 잡아 둘 수 있는 분별없는 노새나 말처럼 되어서는 안 된다(시편 32:9). 이제부터는, 회개하라는 요청과 하나님나라가 하늘에서처럼 땅에서도 이루어진다는 선언은 전쟁이나 지진, 기근이나 전염병(또는 집 안에서 당한 사고)을 통해 오지 않는다. 예수님을 통해 온다. 예수님이 말씀하고 가르치고 선포하신 예수님의 이야기를 통해 온다. 예수님의 백성을 통해, 성령으로 예수님이 그 삶에 살아 계시는 사람들을 통해, 심지어 예수님의 이름을 알지 못하는 세상에서 펼쳐지는 그분의 특이한 역사를 통해 온다. 하나님이 우리가 세상을 경영하는 잘못된 방식을 경고하기를 원하신다면—내가 보기에는 그럴 가능성이 상당히 크다—그 경고는 예수님의 모습으로 우리에게 올 것이다. 예수님이 선언하신 하나님나라가 최고의 기준이다. 전통적으로 성만찬에서 복음서 봉독이 빠지지 않는 데는 그럴 만한 이유가 있다. 이 생명의 말씀은 경고도 포함하고 있다. 더는 '최후의 메신저'를 보내지 않을 것이다.

오실 하나님나라와 그 나라가 이미 예수님의 사역을 통해 시작되었다고 이야기할 때, 이 말이 정말로 무슨 뜻인지 다시 한 번 되새길 필요가 있다. 지난 수백 년 동안, 이 주제와 관련하여 너무나 많은 잘못된 정보가 기독교로 새어 들어오는 바람에, 그것을 바로잡기가 쉽지 않다. 어떤 관점에서든 '하나님나라'나 그분의 궁극적인 미래에 대해 이야기할 때 신약 성경은 이것이 구원받은 영혼이 영원히 '이 땅'을 떠나 '천국에 가는' 문제가 아니라고 주장한다. 이와 관련한 자세한 내용은 《마침내 드러난 하나님나라 *Surprised by Hope*》(한국 IVP)에서 설명한 바 있는데, 그것은 우리가 지금 논의하는 내용에 매우 중요하다.

바울은 에베소서 1장 10절에서, 메시아 안에서 하늘과 땅에 있는 모든 것을 통합하는 하나님의 궁극적인 계획을 열정적으로 이야기한다. 여러 기독교 신앙에서 인기를 끄는(특히, '이 땅'을 장악한 것처럼 보이는 만연한 세속 문화에 맞닥뜨렸을 때) 플라톤의 꿈은 현실 도피에 불과하다. 실제로 초기 그리스도인들이 곧 닥칠 '세상 종말'을 기대했다는 현대의 신화는, 관련된 1세기 문헌을 잘못 해석한 것이다. 예수님은 하나님나라, 곧 하늘에서처럼 땅에서도 하나님의 주권적인 구원 통치가 이루어지는 나라가 그분과 그분의 사역을 통해 시작되고 있다고 주장하셨다. "여기에 서 있는 사람들" 가운데 죽기 전에 그 나라가 "권능으로" 임하는 것을 볼 사람도 있다고 말씀하셨다(마가복음 9:1).

그러면 그 일은 언제 벌어졌는가? 예수님은 "나는 하늘과 땅에 있는 모든 권세를 받았다"(마태복음 28:18)라고 말씀하셨다. **미래형**이 아니라, **과거형**이다. 자신의 가장 위대한 서신서 서두에서 복음 메시지를 요약한 바울에 따르면, 예수님은 "거룩함의 영으로는 죽은 자들 가운데서 부활하심으로 하나님의 아들로 강력하게 확정되[셨다]"(로마서 1:4). 이 말씀은, 그리스도인은 물론 비그리스도인의 일반적인 생각과는 달리, 예수님이 이미 다스리고 계신다는 뜻이다. 바울은 고린도전서에서 예수님이 **지금** 세상을 다스리고 계신다고 말한다. 그 통치는 부활에서 시작하여 모든 "원수"를 굴복시키는 사역을 마치실 때 끝난다. 맨 마지막 원수는 죽음인데, 이는 지금과 같은 시기에 매우 적절한 고려 대상이다(고린도전서 15:25-26).

그렇다면 복음서는 회복하고 구원하시는 하나님의 주권을 구현하신 예수님을 어떻게 묘사하는가? 이 '통치'가 현재는 어떻게 나타나는가? 여기서 우리는 기독교 메시지를 아주 독특하게 만들고, 현 사태를 이해하거나 해석하려는 우리의 모든 시도에 영향을 끼쳐야 하는 요소를 만난다.

물론, 우리는 예수님이 십자가에서 죽으신 것을 안다. 학식이 높은 그리스도인들은 "메시아께서 우리 죄를 위해 죽으셨습니다"라는 초기 주장을 자세히 설명하는 다양한 방식을 개발했다. 하지만 몇 사람만이 십자가에 달린 '칭호', 곧 히브리어와 그리스어, 라틴어로 쓰인 "유대인의 왕"이라는 칭호가

상징하는 복음의 핵심 통찰을 따랐다. 예수님이 친히 몇 차례, 자신의 임박한 죽음을 '영혼 구원'이라는 전통적 의미에서만이 아니라, '하나님나라 임재'라는 의미에서 '구속적'이라고 말씀하셨다. 그분의 심복 두 사람, 야고보와 요한이 '하나님나라'에서 가장 좋은 자리를 원했을 때 예수님은 권력을 재정의하셨다. 세상 통치자들은 권력으로 백성을 내리누르고 괴롭히지만, 우리는 그렇게 해서는 안 된다고 말씀하셨다. 크고자 하는 사람은 섬기는 사람이 되어야 하고, 으뜸이 되고자 하는 자는 종이 되어야 한다. 그다음에 가장 결정적인 말씀이 나온다. 예수님은 그 **이유**가 인자는 섬김을 받으러 온 것이 아니라 섬기러 왔으며, 자기 목숨을 많은 사람을 위한 몸값으로 지불하러 왔기 때문이라고 설명하신다(마가복음 10:45).

이렇듯 예수님의 독특한 구원 소명이 권력과 권위를 영원히 재정의했다. 대다수의 서양 기독교 전통에서는, 그 핵심 구절의 '속죄' 신학이 '권력'의 재정의 **내에** 와야 하고 그 반대도 마찬가지라는 사실을 무시했다. '구원'과 '권력'이 서로 밀접한 관계가 아닌 것처럼 그 둘을 분리할 수 있었기 때문이다. 그러나 하나님의 구원하시는 능력의 비밀은 자기를 희생하신 성육신하신 성자의 사랑이다.

이것이 핵심이다. **당신이 하나님이 세상을 '책임지신다'**,

'주관하신다', 그분이 '주권적이시다'라는 말의 뜻을 알기 원하면, 예수님이 친히 십자가 죽음을 중심으로 '나라'와 '주관'과 '주권'의 개념을 재고하라고 가르치신다.

우리는 복음서 중 가장 가슴 아픈 한 단락에서 이 통찰에 주목할 수 있다. 요한복음 11장에서 예수님과 제자들은 악운이 그분을 기다리고 있다는 강한 느낌에도 불구하고, 아니 어쩌면 바로 그 이유로 예루살렘으로 돌아가신다. 일행은 베다니로 간다. 예수님께는 특별히 소중했던 친구 나사로가 아프다는 소식은 이미 들었다. 그리고 얼마 후에, 그가 죽었다. 요한의 독자들은 벌써부터 궁금할 것이다. 멀리 있는 모르는 사람의 아들도 고쳐 주신 예수님이(요한복음 4:43-54) 왜 친구는 고쳐 주시지 못했을까?

하지만 바로 이 대목에서 우리는 예수님의 친구라는 것이 무슨 뜻인지 (두려움과 떨림으로) 보기 시작한다. 요한은 우리가 행간을 읽도록 유도한다. 예수님은 나사로의 이름을 불러 다시 살리시기 전에 무덤의 돌을 옮기라고 명령하시고는, 가장 먼저 하나님께 기도를 들어주셔서 감사하다고 기도하신다. 이 말씀은 예수님이 베다니로 출발하시기 전에, 나사로가 죽었지만 되살릴 수 있게 부패하지 않도록 기도하셨다는 뜻이 틀림없다. 돌을 옮겨 놓자, 냄새가 날지 모른다는 마르다의 두려움은 사실과 다르다(요한은 그렇게 말하지 않고, 우리의 추측에 맡긴다). 이제 방해물은 사라졌다. 그분은 이 모든 과정 내내 주권적이시다. 지금 무슨 일이 벌어지고 있는지, 가족이 이 끔찍한 순간을 어떻게 지날지, 그다음에 그분은 무슨 일을 하실지 다 아신다. 이 모든 것이 요한이 드러내고 있는 어두운 신비, 예수님이 "이 세상의 통치자"(12:31)를 무너뜨리기 위해 곧 죽음에 내려가신다는 신비의 일부다. 하지만 그분은 여기 나오는 나사로와는 달리, 새로운 생명, 곧 죽지 않는 다른 몸으로 나오실 것이다. (나사로가 천으로 감긴 채 무덤에서 나온 점에 주목하라. 요한복음 20장의 예수님은 세마포 옷을 두고 나오셨다.)

바로 여기에, 현 상황을 이해하려는 질문에 접근하는 데 실마리가 되는 역설이 있다. 나사로를 위해 기도하시고, 상황을 주도하시며, 자신이 할 일을 아신 예수님, 이 예수님이 **친구의 무덤 앞에서 눈물을 흘리셨다**(요한복음 11:35). (일부 과민한 신학자들이 제안하리라고 상상할 수 있듯이) 예수님이 마리아와 마르다에게 공감한다는 표시로 눈물을 흘리는 척했다는 생각은 터무니없다. 그분의 눈물은 진짜였다. 죽음의 공포, 즉 죽음이 사랑스럽고 아름다운 모든 것을 조롱한다는 사실은 생명의 주인이신 분께도 너무도 강력했다. 아니, 특별히 그분께는 더 그랬는지도 모른다. 예수님이 나사로의 무덤 앞에서 흘리신 눈물은 "지금 내 마음이 괴롭구나"라고 말씀하신 12장 27절, 마가와 마태가 묘사한 겟세마네의 예수님, "나의 하나님, 나의 하나님, 왜 나를 버리셨습니까?"라는 십자가의 외침(마태복음 27:46; 마가복음 15:34)으로 이어진다. 사복음서는 이 연속적인 사건들을 모아, 결국 예수님 중심으로 재정의된 '하나님나라'라는 핵심 개념, 권력, 하나님의 '통치', '책임'이라는 개념을 이해하는 복합적인 방식을 만들어 낸다.

우리 머릿속을 맴도는 코로나 바이러스 질문들을 가지고 나사로의 무덤으로 돌아가 보자. 마르다와 마리아와 구경꾼들은 하나같이 나사로의 죽음이 사실상 예수님의 잘못이라고 말한다. 그분이라면 얼마든지 죽음을 막으실 수 있었을 것이다. "주여, 주님이 여기 계셨다면 얼마나 좋았을까요! 그럼 제 오빠가 죽지 않았을 것입니다!"(요한복음 11:21, 32) 어떤 사람들은 "이 사람이 죽지 않게 무언가 할 수 없었단 말인가?"라고 물었다(11:37). 인류 역사 내내 새로운 비극이 생길 때마다 이 질문이 사람들의 귓가를 울린다. 하나님은 왜 이 사태를 내버려 두셨을까? 왜 개입해서 멈추지 않으셨을까?

예수님은 날 때부터 못 보는 사람의 과거를 돌아보시지 않는다. 사람들은 그를 비난했지만, 그분은 아무도 비난하시지 않는다. 하나님 아버지를 믿고, 지금 필요한 일을 알기 위해 앞을 내다보신다. 그리고 그 목표로 가는 길이 바로 눈물이다. 성육신하여 나사렛 예수가 되셨다고 요한이 말해 주는 하나님이, 곧 육신이 되신 말씀, 친구의 무덤 앞에서 눈물을 흘리시는 하나님이다. 이것은 엄청난 지혜의 실마리가 될 수 있다. 지금 당장 우리에게 간절히 필요한 지혜 말이다.[1]

그래서 예수님은 마르다와 마리아와 거기 모인 사람들에게 어떻게 반응하시는가? 그분은 상황을 역전시켜서 그들의 죄 때문에 이런 일이 벌어졌으니 이제 회개해야 한다고 말씀하시지 않는다. 그저 눈물을 흘리실 뿐이다. 그러고 나서 그 눈물과 믿음에서 비롯된 권위로, 나사로에게 무덤에서 나오라고 명령하신다. 유행병은 물론이고, 그에 수반된 온갖 사회·문화적 격변을 마주한 현 상황에 필요한 말씀이 있다면, 바로 여기 있는 말씀이 아닐까 싶다.

지금까지 배운 내용을 정리해 보자.

첫째, 우리는 예수님이 '하나님이 통치하신다', '그분이 책임지신다'는 말의 뜻을 어떻게 재정의하시는지 배웠다. 현대

---

1 일본인 예술가 마코토 후지무라Makoto Fujimura는 신간 *Theology of Making*(Yale University Press, 2020)에서 대단히 흥미로운 상호 보완적 관점에서 이와 비슷한 주장을 펼친다.

서양인들은 섭리 교리(하나님이 세상에서 일어나는 모든 일을 전반적으로 감독하신다)와 속죄 교리(하나님이 예수님의 죽음을 통해 죄를 사하신다)를 갈라놓았다. 신약성경은 그렇게 하지 않는다. **예수님이** 그렇게 하시지 않았다. 하지만 이런 사고방식이 너무 굳어져서, 신학자와 유명 기독교 작가들이 방 한쪽에서는 우리가 주요 유행병에 대해 할 말과 하지 않을 말을 이야기하고, 다른 한쪽에서는 이것이 예수님이 우리 죄를 위해 죽으셔서 우리가 그분을 믿으면 천국에 갈 수 있다고 말할 기회를 준다고 이야기할 수 있을 정도다. 신약성경은 이런 양극단이 존재하는 방의 존재는 금시초문이다. 우리는 절대 갈라놓아서는 안 되는 이 둘을 다시 통합하는 법을 배워야 한다.

둘째, 예수님은 구약성경 예언 전통을 절정으로 이끄시면서, 그 온전한 의미를 자신과 임박한 죽음과 부활에 부여하심으로써 그 전통을 완성하신다. 하나님은 우리가 보아야 하지만 무시할 수도 있는 일들을 우리에게 경고하시려고 온갖 사건을 사용하실 수 있고, 또 사용하신다. 하지만 그런 일이 벌어질 때 성육신하신 아들을 배제한 채 해석해서는 안 된다. 평소대로 사건들이 일어나고 있을 때, 우리는 한 분 하나님이 하셨고 하고 계시고 하실 모든 일 가운데 가장 뛰어난 '표적'이, 예수님, 곧 이스라엘의 메시아 예수님, 십자가에서 죽으시고 부활하시고 승천하셔서 영광중에 다시 오리라 약속하신 예수님, 온 세상의 진정한 주 예수님이시라고 생각해야 한다.

그렇다면 예수님의 죽음과 부활의 관점에서 세상의 사건들을 '해석한다'는 것은 어떤 뜻인가? 그 답을 찾기 위해 신약성경의 나머지 부분으로 넘어가 보자.

4장 • 신약성경 • 읽기

대부분의 유대 문헌처럼, 신약성경은 하나님이 이스라엘을 이집트의 노예 생활에서 구출하신 때인 유월절에 일어난 아주 근본적인 사건들을 끊임없이 언급한다. 예수님이 친히 유월절을 하나님나라 선포 사역과 십자가 소명의 중심에 두셨다. 그래서 예수님은 의도적으로 유월절 시기를 택하셔서 마지막으로 예루살렘으로 올라가시고, 미리 그분의 죽음을 설명해 주시려고 제자들과 식사를 함께하셨다. 이 식사는 유월절 자체와 관계가 있기도 하고, 그다음 날 예수님이 성취하시려는 일을 미리 내다보는 것이기도 하다.

유월절과 관련된 여러 사실 중 하나는, 이스라엘이 이집트에서 종이 되었을 때 **아무도 그것을 그들의 죄의 결과라고 말하지 않았다**는 점이다. 확실히 예수님 시대에 (바빌론과 그리스, 시리아를 거쳐 이제는 로마에 짓밟힌) 유대 민족의 끔찍한 상황을 볼 때, 그들은 자신들의 역경을 '새로운 출애굽'이 필요하다는 관점에서뿐 아니라, '죄 사함'이 필요하다는 관점으로도 해석한 것이 분명하다. 유배는 (예언자들의 관점에서는) 틀림없는 죄의 결과였기에, 포로 생활에서 구출되는 것은 죄 사함을 뜻했다. 하지만 유월절은 죄 사함과는 상관이 없었다. 야곱과 그의 아들들은 덕목을 갖추는 면에서 귀감이 되지 못했지만, 창세기는 그것과 오랜 종살이를 연관 짓지는 않는다. 실제로 중동 지방에 기근이 닥치자 그들은 "우리가 죄를 지어서 그래"라고 말하지 않고, "이집트에는 곡식이 있다는 소문을 들었어"라고 말한다. 그들은 문제를 일으킨 원인을 찾으려고 뒤를 보지 않는다. 어떻게 조처해야 할지 찾으려고 앞을 내다본다.

초기 교회는 이를 본보기로 삼아 최초이자 아주 흥미로운 행동을 한다. 이는 우리에게 닥친 문제들에 대한 적절한 반응을 알려 줄 수도 있는 본보기다.

사도행전 앞부분은 초기 교회의 생활 모습을 생생하게 그린다. 그 내용은 몹시 흥미진진한데, 몇몇 극적인 장면을 포함하여 여러 장면이 오가는 중에, 그 자체로도 또 우리가 다루는 주제와 관련해서도 굉장히 중요한 의미가 담긴 사건을 자칫 놓치기 쉽다. 사도행전 11장에는 예루살렘 북쪽으로 500킬로미터쯤 떨어진 시리아 안디옥에 있는 교회가 등장한다. 안디옥은 통상로에 있는 번화한 국제도시여서 많은 외국인이 거주하거나 드나들었다. 다양한 국적을 지닌 많은 사람이 예수님을 믿게 되면서 교회는 점점 성장하고 있다. 예루살렘에서 바나바가 와서 하나님의 은혜가 확실히 역사하는 것을 확인하고 기뻐한다(11:23). 그리고 나서 바나바는 (얼마 안 있어 '바울'이 된) 사울을 찾아 데려와서 가르치고 전파하는 사역을 돕게 한다.

이 무렵에 순회 예언자 몇이 예루살렘에서 안디옥에 내려왔다. 그들 중에 아가보라는 사람이 일어나서 성령이 그에게 계시한 내용을 모인 사람들에게 전했다. 온 세계에 큰 기근이 들 것이라는 예언이었다. 기근은 가끔 있는 일이어서, 거의 2천 년 전에도 기근 때문에 야곱과 그 식구들이 이집트로 건너왔다. 누가는 글라우디오Claudius 황제 때(주후 41-54년) 실제로 기근이 발생했다고 덧붙인다. 그 기간에 심각한 기근이 한 차례 이상 발생했다는 것을 다른 역사 자료에서도 확인할 수 있다.

그러자 안디옥에서 예수님을 따르던 이들은 무엇이라고 말하는가? "주님이 곧 다시 오신다는 표적이 틀림없어"라거나 "우리가 죄를 지었으니 회개해야 한다는 뜻이야", "모든 사람이 죄인이니 회개해야 한다고 온 세상에 전할 좋은 기회야"라고 말하지 **않는다**. 서로 책임을 전가하지도 않는다. 누가 생태계를 제대로 돌보지 못해서 혹은 식량 분배 체계를 관리하지 못해서 이런 위험한 상황을 초래했는지 알아내려고 시리아나 더 나아가 로마제국 당국을 둘러보지 않는다. 이런 단순한 질문을 던질 뿐이다. 이런 일이 생기면 누가 가장 위험에 처하는가? 그들을 돕기 위해 무엇을 할 수 있나? 누구를 보내야 할까?

이런 반응은 신학적이지 않다고 생각하는 사람들이 있다. 그냥 실용적인 반응일 뿐이라는 것이다. 하지만 그런 생각이야말로 정말로 '비신학적인' 반응일 것이다. 여기서 우리는 하나님나라의 가장 큰 원리 중의 하나, 예수님을 통해 시작된 하나님나라는 창조세계를 원래 모습대로 회복하는 것이라는 원리를 만난다. **하나님은 항상 충성된 인류를 통해 창조세계에서 일하고자 하셨다.** 이것이 '하나님의 형상대로' 창조되었다는 말의 핵심 의미다. 따라서 요한복음 9장에서 예수님이, 하나님이 하시는 일들이 드러나고 있다고 말씀하시고 몸소 그 일을 하신 것처럼, 안디옥 교회도 기도하면서 하나님이 하고 계신 일—기근이 발생한 이유가 아니라, 사람들을 돕기 위해 해야 할 일—을 발견하고, **하나님이 하고 계신 일과 그들을 통해 하실 일**을 깨달았다고 상상할 수 있다. 이것이 성령의 사역을 믿는다는 뜻이다. 안디옥 교회는 분주하고 번성하는 교회였고, 예루살렘 교회는 가난하고 (산발적인) 박해를 받고 있었다. 따라서 처음 두 질문은 어렵지 않았다. 문제는, 누구를 보낼지 기도하면서 결정하는 것이었다. 나중에 바울이 로마 그리스도인들에게, 하나님이 그분을 사랑하는 **사람들과 함께, 그들을 통해** 모든 것을 합력하여 선을 이루도록 일하신다고 편지를 쓸 때 이런 종류의 일을 염두에 두었을 것 같다(로마서 8:28). 이 본문은 나중에 다시 살펴보겠다.

(여기서 잠깐, 이 이야기에서 초기 교회의 한 가지 특징에 주목해 보자. 세계 역사에서 그 이전에는, 한 도시의 다문화 집단이 500킬로미터나 떨어진 다른 도시의 단일 문화 집단에 형제의 의무를 느낀 적이 없었다. 세상에 흩어진 유대 공동체는 이 원리를 이해하고 있었을 것이다. 로마제국 관리들은 다른 속주에 있는 동료들과 자신을 같은 팀으로 보았을 수도 있다. 하지만 교회는 어땠을까? 우리는 여기서 전례가 없고 매우 강력한 무언가를 목격한다. '어떻게 도와야 할까?'라는 질문을 만날 때, 이 본보기가 자주 우리 눈앞에 있어야 한다. 코로나19에 대한 '기독교적' 반응이 무엇이든, 그것은 모든 그리스도인이 동참하는 방안이어야 한다.)

초기 교회는 예수님이 배신당하시기 전날 밤에 예레미야 31장을 언급하시며 말씀하신 '새 언약' 아래서, 하나님이 그분의 인격적인 임재로 그들에게 힘을 주고 계신다고 믿었다. 성령이 오셔서, 신자 개개인과 공동 예배에 함께 모인 더 많은 신자가 하나님의 눈과 귀, 손과 발이 되어 세상에 필요한 일을 하기 위한 책임을 지게 하실 것이다. 그래서 처음부터 초기 그리스도인들은, 예수님이 사랑하는 백성 이스라엘을 바라보셨듯이 세상을 바라보고, 하나님이 하고자 하시는 말씀과 행동을 찾아, 기도하면서 그 말을 하고 그 행동을 실천했다. 이것이 바로 '선교'가 뜻하는 바다. 예수님이 친히 요한복음 20장 21절에서 말씀하셨듯이, "아버지께서 나를 보내셨듯이, 나도 너희를 보낸다." 예수님이 이스라엘에게 하셨듯이, 예수님을 따르는 이들도 세상에 그렇게 할 것이다. 이것이 원리다. 예수님은 두려워서 숨어 있는 소집단에게 그렇게 말씀하셨다는 사실을 잊지 마라. 어딘가 익숙하지 않은가? 이 부분은 다시 이야기하겠다.

어쨌든, 산상수훈에 나타난 하나님나라의 주제 선언(마태복음 5-7장)은 쪼그라든 서양 세계 사람들이 흔히 생각하듯이 '윤리'만 다루지 않는다. 선교를 이야기한다. "영이 가난한 사람⋯온유한 사람⋯슬퍼하는 사람⋯평화를 이루는 사람⋯하나님의 정의에 주린 사람은 복이 있다." 우리는 예수님이 "이렇게 애써서 해내면, 내 나라에서 내가 원하는 사람이 될 것이다"라고 말씀하고 계신다고 너무 쉽게 생각한다. 하지만 그것이 핵심이 아니다! **하나님나라가 하늘에서처럼 이 땅에서도 시작되고 있고, 하나님이 이런 종류의 사람들을 통해 하나님나라를 이루실 것이다**라는 것이 핵심이다. 사람들은 세상과 세상의 재앙을 보면서 하나님이 왜 직접 개입하셔서 정리하시지 않는지 의아해할 때가 많다. 사람들은 묻는다. 왜 이런 일이 벌어지도록 그냥 두시는가? 왜 벼락(혹은 이교도 신이 할 만한 행동과는 조금 다른 것)을 내리셔서 만사를 바로잡지 않으시는가? 그 답은 하나님이 벼락을, 인간 벼락을 **보내신다**는 것이다. 하나님은 영이 가난한 사람, 온유한 사람, 슬퍼하는 사람, 평화를 이루는 사람, 하나님의 정의에 주린 사람을 보내신다. 이들이 바로 하나님이 세상에서 일하고자 하는 방식이다. 이들은 그 어떤 번개나 벼락보다 더 효과적이다. 이들은 주도권을 발휘하여 정말로 도움이 필요한 곳을 살피고 그 필요를 채울 것이다. 친구의 무덤 앞에서 눈물을 흘릴 것이다. 원수의 무덤 앞에서도 그럴 것이다. 그중에는 다치거나 죽는 사람도 있을 것이다. 이것이 사도행전 전체의 이야기다. 문제도, 형벌도, 차질도, 사고도 있겠지만, 하나님의 목적은 끝내 이루어질 것이다. 기도하는 겸손하고 신실한 이 사람들이 '왜'라는 질문이 아니라 '무엇'이라는 질문의 답이 될 것이다. 여기서는 어떤 도움이 필요한가? 누가 가장 위험에 처해 있는가? 어떻게 우리가 도울 수 있을까? 누구를 보내야 할까? 하나님은 그분을 사랑하는 **사람들과 함께, 그들을 통해** 만사에 합력하신다.

그렇다고 해서, 이 시기에 얻을 교훈이 없다는 말은 아니다. 이 모든 것은 우리가 좀 더 세계적인 차원에서 좀 더 나중에 던져야 하는 질문을 암시하고 있다. 우선은, 바울의 선교 여행과 서신서로 넘어가 보자. 나는 그가 사회적 위기, 아마도 또 다른 기근이 있었던 고린도 상황을 다루면서 고린도인들에게 그들이나 다른 사람이 지은 죄를 밝히라고 말하지 않는다는 점을 지나가면서 슬쩍 언급하려 한다. 그는 신중한 지혜로, 지금 당장은 중대한 생활의 변화를 꾀하지 말고 그저 버티면서 위기를 통과하는 편이 낫다고 말한다. 그것이 고린도전서 7장 내용이다. 논란의 여지가 많은 본문이지만, 나는 지금 벌어지는 현상이 그렇다고 생각한다. 분명히 위기다. 하지만 놀라서는 안 된다. 단지, 이 시기에 할 일과 하지 말아야 할 일을 현명하게 구분해야 한다.

가장 중요한 핵심은 사도행전 17장에 나오는지도 모른다. 바울은 아테네에 도착했다. 그는 평소대로 유대 회당에 말씀을 전하러 가지만, 이번에는 광장에서도 사람들과 토론한다.

어쩌면 그가 이 순간을 고대해 왔는지도 모르겠다. 바울은 아테네와 함께 당대 철학의 중심지였던 다소에서 성장했다. 주전 86년에 아테네 사람들이 전쟁에서 로마의 원수를 지지한 대가로 로마인들이 아테네를 쑥대밭으로 만들었기에 대부분의 철학자가 그 도시를 떠났고, 그중 다수가 다소로 갔다. 바울은 자신의 철학을 잘 알고 있었다.

아무튼, 바울의 가르침은 흥미뿐 아니라 의심을 불러일으켰다. 고대 세계는 낯설고 새로운 종교 집단에 관대했다. 사람들은 자신의 지역 신(아테네의 경우에는 여신)을 숭배했지만, 다른 신전과 성지도 많았다. 관대한 다원주의가 대체로 당대의 사회 질서였다. 하지만 거기에도 한계는 있었다. 유명한 사례로, 소크라테스가 그 면에서 아테네 치안 판사들과 충돌했다. 그는 (상식적인 사회 질서를 뒤엎는 새로운 사상을 가르쳐서) 젊은이들을 타락시키고, '이방 신'을 들였다는 이유로 처형당했다. 바울은 아레오바고 법정에 소환되어 '예수님과 아나스타시스'에 대해 말한 내용이 무슨 뜻인지 설명해야 했다. '아나스타시스anastasis'는 그리스어로 '부활'이다. 그들은 바울이 새로운 신(예수)과 여신(아나스타시스)에 대해 이야기하고 있다고 생각했던 것 같다. 그렇다면 이것은 단순한 철학 토론이 아니었기에 사형 선고 감이었다.

이런 관점에서 보면, 바울의 행동은 훨씬 더 흥미롭다. 그의 목표는, 한 하나님이 계시고, 이 한 분 하나님이 온 세상을 책임지고 계시며(그가 아테네 법정에서 말하고 있다는 사실을 잊지 마라!), 하나님이 죽음에서 일으키신 인간 예수가 이 최종 심판을 보증하고 행하실 분이라는 선포로 사람들의 관심을 돌리는 것이다. 이 전체 내용에서 핵심은 이 메시지가 **회개하라는 요청**이라는 것이다(사도행전 17:30-31).

어떤 사람들은 '아, 드디어 올 것이 왔구나'라고 생각할지도 모른다. 하지만 바울이 하지 **않은** 말이 무엇인지 잠시만 생각해 보라. 그는 최근 일어난 재앙에서 몇 가지 예를 뽑을 수도 있었을 것이다. 전에도 기근은 있었다. 큰 사회적·정치적 싸움도 있었다. 백 년 넘게 시간을 거슬러 올라가, 아테네인들이 줄을 잘못 서는 바람에 로마가 아테네 문명의 위대한 과거를 무시한 채 그곳을 완전히 파괴한 그 끔찍한 날을 언급할 수도 있었을 것이다. 고대 종교의 관점에서는, 그 모든 일이 "신들이 분노한 것이 틀림없다"고 말하고 있다. 그것은 회개하라는 요청처럼 보일 것이다.

하지만 바울은 그런 이야기는 하지 않는다. 한 가지 큰 표적만 언급할 뿐이다. 하나님은 **예수님과 관련된 사건들을 통해** 어디에서나 모든 사람에게 회개하라고 요청하고 계신다.

예수님이 곧 유일한 큰 표적이시다. 바울은 거기에 다른 어떤 것도 덧붙이는 것을 허용하지 않을 것이다. 더는 우리에게 경고하는 예언자가 없을 것이라고 예수님이 몸소 경고하셨다. 포도원 주인이 아들을 보냈을 때는 더는 반복할 수 없는 최후의 제안을 한 것이다. 그것이 바울의 세심한 연설 배후에 있는 논리다. 그는 (요즘 사람들처럼) 하나님나라를 말하고 있다. 사람들에게 회개해야 한다고 말하고 있다. 하지만 그 주장은 어떤 개별 사건이나 이제 막 발생한 큰 위기가 아니라, 예수님과 관련된 사실들을 근거로 하고 있다.

그렇다면 나는 예수님 시대 이후로는, 그분을 따르는 이들이 기근이나 전염병 같은 사건 때문이 아니라, 예수님 때문에 사람들에게 하나님나라에 대해 전하고 회개를 촉구해야 한다고 제안한다.

하지만 초기 기독교의 한 책은 정반대 방향으로 가는 듯하다. 그 책은 요한계시록으로, 8장과 9장에 모세가 바로와 맞설 때 이집트에 임한 재앙을 본뜬 일련의 '재앙'이 등장한다. 이는 대개 로마로 해석되는 큰 성 '바빌론'의 멸망을 예고하는 전조로 **더 많은** 극적인 '표적'이 있을 것을 보여 주는가?

나는 그렇게 보지 않는다. 우선, 요한계시록에는 (잘 알려져 있듯이) 환상 이미지가 가득한데, 이 이미지들을 '앞으로 벌어질 일'을 그대로 받아적은 것처럼 문자적으로 받아들여서는 안 된다. 어떤 의미에서는, 책 전체가 주요한 계시인 예수님의 계시(1:1-16)의 중요성을 끌어내고 있다. 책 제목이 다름 아닌 "메시아 예수의 계시"(1:1)다. 하나님의 전체 프로젝트를 진전시키는 과제가 예수님, 곧 어린양이신 사자에게 맡겨졌다(5:6-14). 그렇다면 요한계시록의 나머지 내용은 **다름 아닌** 예수님의 진리를 드러내는 것이다. 확실히 이는 세상에 매우 다양한 방식으로 적용된다. 하지만 십자가에서 이미 거둔 어린양의 승리가 가장 중요하다.

때가 되면 그 승리가 앞으로 확장된다고 말할 수 있는 것은, 오로지 어린양을 따르는 이들의 고난과 증거 때문이다. 그 점은 요한계시록에 분명히 나타난다(6:9; 7:14-17). 예수님의 초기 제자들은, 신학적으로 말해서 이 고난이 **다름 아닌** 예수님의 단 한 번의 고난이요, 그 증거는 성령으로 그들을 통해 그 소식을 선포하신 예수님 자신이라는 것을 알았다. 예수님의 제자들은 바로 이 신비를 통해 자신이 어떤 존재인지 깨달았다. 예수님의 영이 그들에게 내주하심으로써 그들은 메시아 되신 예수님이라는 그들보다 더 큰 정체성의 일부가 되었다. 그래서 바울은 골로새서의 극적인 단락에서(1:24), 메시아의 남은 고난을 그분의 몸을 위하여 자기 육신에 채운다고 말할 수 있었다. 메시아의 단 한 번의 죽음이, 때로는 사도 자신의 고난이라는 형태로 눈에 띄게, 세상 앞에서 선포되고 묘사된다. 바울은 고린도후서 4장과 6장에서도 똑같이 말한다. (이것이 그가 예수님이 "십자가에 달리신 모습이 여러분의 눈앞에 생생하지 않습니까"라고 말하는 갈라디아서 3:1-5의 수수께끼 같은 단락의 의미일지도 모른다. 아마도 그는 습격을 당하고 돌에 맞아 초췌한 모습으로 갈라디아에 도착한 자신을 가리키는 듯 보인다.) 그는 십자가에서 죽으신 메시아 복음을 보여 주는 살아 있는 비유였다.

창조세계의 신음

이상의 내용이 예수님을 따르는 우리가 코로나 바이러스라는 문제에 어떻게 접근해야 하는지에 대한 탐색에서 가장 중요한 본문으로 인도한다. 우리는 바울의 가장 중요한 서신에서 가장 중요한 장인 로마서 8장 앞에 서 있다.

바울의 저술을 아는 사람들은 로마서 8장에는 믿음, 소망, 사랑이 가득하다고 알고 있다. 로마서 8장은 "메시아 예수 안에 있는 사람에게는 결코 정죄가 없습니다"라는 위대한 선언으로 시작하여, 하나님이 예수님의 죽음에서 "죄를 정죄"하셨고, 죽음에서 부활한다는 보장으로 그 백성에게 성령을 주셨다고 설명한다. 이 장은 엄청난 찬양의 함성으로 끝난다.

> 우리는 이 모든 일 가운데서도 우리를 사랑하신 분을 통하여 완승을 거둡니다. 알다시피, 내가 확신하건대, 죽음이나 생명이나 천사들이나 통치자들이나 현재나 미래나 권세나 높음이나 깊음이나 다른 어떤 피조물이라도 왕이신 예수 우리 주 안에 있는 하나님의 사랑에서 우리를 떼어 놓을 수 없습니다.

(로마서 8:37-39)

이 장은 모든 사람이 살고 싶어 하는 집을 묘사한다. 우리가 기독교에 대해 아는 게 있다면, 바로 이것이다. 하나님이 예수님의 죽음을 통해 부어 주신 사랑 때문에 우리 안팎에 있는 온갖 어둠의 세력을 이긴 승리와, 현세와 오는 시대에 누리는 안정감이 있다는 것이다. 이 말씀이 그 내용이다. 하지만 이 놀라운 장의 처음에서 시작하여 끝에 도달하려면, 중간을 거쳐야 한다. 바로 거기에, 환경 때문에 어쩔 수 없이 그런 본문으로 돌아갈 수밖에 없는 요즘 같은 시기가 아니라면, 우리가 자주 건너뛰곤 하는 이상한 단락이 있다.

바울은 하나님의 영을 받은 예수님을 따르는 모든 사람이 어떻게 그 성령에게 이끌려 우리를 기다리는 '기업'을 받는지 묘사했다. 여기서 분명히 바울은 유대인들의 핵심 주제인 출애굽과 유월절을 끌어오고 있다. 이집트에서 해방된 이스라엘 자녀들은 하나님의 인도를 받아 광야를 통과하여 자신들의 '기업'인, 약속된 땅으로 갔다. 험난한 과정이었다. 우리의 순례길도 평탄하지 않기는 마찬가지다. 실제로 바울은 그 과정을 이렇게 표현한다.

그런 일이 일어날 때, 영께서 친히 우리의 영이 말하는 것을 지지하며, 우리가 하나님의 자녀임을 증언하십니다. 우리가 자녀이면 또한 상속자입니다. 우리가 메시아와 함께 영광을 받기 위해 고난도 함께 받는 한, 우리는 하나님의 상속자요, 메시아와 더불어 공동 상속자입니다.

고난은 우리가 거쳐야 할 피할 수 없는 길인 듯하다. 바울이 곧바로 덧붙인 대로, "장차 우리에게 드러날 영광과" 견주면 이 고난은 아무것도 아니지만 말이다.

다시 한 번 확실히 하자면, 여기 나오는 '기업'은 많은 그리스도인이 상상한 것과 달리 '천국'이 아니다. '영광'은 천국에서 천사같이 빛나는 것과는 아무 상관이 없다. '기업'은 완전히 새로워진 창조세계, 요한계시록 21장에 나오는 대로 부패와 죽음, 쇠퇴가 영원히 사라지고 완전히 새로워진 온전한 하늘과 땅이다. 이것이 더 긴 연속적인 사건들의 마지막 장면이다. 구약성경에서 우리는 하나님이 아브라함에게 약속하신 땅에서부터(창세기 15장) 다윗과 약속하신 온 세상까지(시편 2편) 그 '기업'이 확장되는 것을 본다. 초기 그리스도인들은 이 기업을 우리가 이 '땅'을 떠나서 도달하는 '내세의' 천국과 맞바꾸지 않았다. 그들은 그것을, 마지막에 하늘이 땅으로 내려와, 영광스러운 성경의 약속에서처럼, 물이 바다를 덮음같이 온 땅에 하나님의 영광이 가득 차서 성취되는 것으로 보았다(시편 72:19과 이사야 11:9을 비롯한 비슷한 본문들).

물론, 우리의 변화된 몸이 하나님의 새로운 창조세계에서 어떤 모습일지는 알 수 없다. 부활하신 예수님의 몸은 낯선 속성들을 지녔지만(잠긴 문을 통과할 수 있지만, 먹고 마시고 만질 수 있었다), 빛이 나지는 않았다. 오히려 부활하시기 전에 변화산에서 그런 일이 있었다. 아니, 어쩌면 빛났을지도 모르겠다. 하지만 그건 중요하지 않다. 중요한 것은, 여기서 '영광'이란 시편 8편이 인간에게 "존귀하고 영화로운 왕관을 씌워 주셨습니다"라고 말하듯, 오랫동안 기다려 온 **다스림**, 구속받은 인간이 하나님의 창조세계를 다스린다는 것이다. 바울은 로마서 5장 17절에서 정확히 그렇게 말하고, 이는 요한계시록 5장 10절을 비롯한 다른 곳에 나오는 구속받은 자들의 소명과 맞물린다.

하지만 그 '다스림'은 어떤 모습일까? 여기서 우리는 **하나님이 그분의 세상을 다스리고자 하는 방식**이라는 주제로 돌아간다. 우리는 여전히 그 질문에, 군대의 수장인 군주가 모든 세력을 축출하는 중세적 개념으로 접근한다. 혹은 발명가의 의도대로만 움직이는 18세기 기계론적 개념으로 접근한다. 어느 쪽이든, 우리는 하나님이 세상을 '지배하는' 방식이 둘 중 하나거나 둘의 혼합이라고 가정할 때가 많다. 그것은 웅장한 기계다. 따라서 세상에서 무슨 일이 벌어지면, 틀림없이 하나님이 의도하신 일이거나, 최소한 그분이 허용하신 일이라고 가정한다. 그런 다음 우리는 거기에서 추론을 해내려고 애쓴다("하나님이 우리에게 무슨 말씀을 하시려고 **이** 일을 허용하신 것이 틀림없어"). 다시 한 번 말한다. 하나님은 원하는 일은 무엇이든 하실 수 있고, 특정한 목적을 위해 어떤 일을 하시거나 허용하기로 작정하신다면, 그것은 전적으로 그분의 일이지, 우리와는 상관이 없다. 그럴 가능성은 언제든 열려 있으므로, 우리는 그것을, 이 본문의 핵심이 던지는 개인적이고 신학적인 도전에서 벗어날 핑계로 삼아서는 안 된다.

창조세계 자체가 하나님의 자녀들이 드러날 순간을 간절히 기다리며 학수고대하고 있습니다. 알다시피, 창조세계가 무의미한 허무에 굴복한 것은 자신의 의지가 아니라 굴복하게 하신 분 때문입니다. 그러나 희망이 있으니, 곧 창조세계 자체가 썩어짐의 종노릇에서 해방되어, 하나님의 자녀가 영화롭게 될 때 오는 자유를 누리는 것입니다.

다시 말해, 하나님은 늘 인류를 **통해** 그분의 세상을 다스리기를 원하셨다. 이것이 하나님의 형상으로 창조되었다는 말의 핵심 의미다. 이는 인간이신 예수님 안에서 영광스럽게 성취되었고, 창조세계는 부활하여 새로워진 인류의 구원하고 회복하는 지혜로운 통치를 통해서 마침내 원래 의도한 모습이 될 것이다. 바울이 29절에서 표현하듯이, 성령이 내주하시는 모든 사람은 "아들의 형상을 본받아" 예수님처럼 하나님의 형상을 닮은 자가 된다.

그렇다면 이것이 실생활에서는 어떤 모습일까?

세상이 격변을 겪을 때 예수님을 따르는 이들은 **고통받는 세상에서 기도하는 사람들**로 부르심을 받는다. 바울은 이를 3단계로 표현한다. 첫째, 세상의 신음, 둘째, 교회의 신음, 셋째, 교회 **안**과 세상 **안**에서 나타나는 성령의 신음이다. 나는 이것이 코로나 바이러스 위기를 종말의 표적이나 회개 요청, 복음 전도 기회로 해독할 수 있는 하나님이 주신 분명한 메시지라고 말하고자 하는 사람들에게 주어야 할 궁극적인 대답이라고 생각한다. 바울은 이렇게 표현한다.

> 모든 창조세계가 지금까지 신음하고 함께 산통을 겪고 있음을 우리는 압니다. 그뿐 아닙니다. 우리 안에 영의 생명이 주는 첫 열매를 가진 우리도 속으로 탄식하며 우리를 양자로 삼아 주실 것, 곧 우리 몸의 구속을 간절히 기다리고 있습니다. 알다시피, 우리는 희망 가운데 구원을 얻었습니다.…
>
> 이와 같이 영께서도 곁에 오셔서 우리의 약함을 도우십니다. 우리는 기도해야 할 때 마땅히 무엇을 기도해야 할지 모르지만, 동일한 영께서 말보다도 더 깊은 탄식으로 우리를 위해 간구하십니다. '마음을 살피시는 분'은 영이 생각하시는 바를 아십니다. 영께서 하나님의 뜻에 따라 하나님의 백성을 위해 간구하시기 때문입니다.
>
> (로마서 8:22-27)

여기서 바울이 당시 예수님의 일부 추종자들이 말하고 싶어 한 내용과는 정반대로 말하는 데 주목하라. 산통으로 신음하는 세상이 있다. 우리는 그런 상황을 잘 알고 있다. 내 평생 이런 일은 처음이다. 이 바이러스는 수많은 인명을 앗아 가고 있을 뿐 아니라, 친구나 돕는 손길 없이 격리된 사람들, 폭력적인 동반자를 둔 사람들, 직업이나 생계를 잃은 사람들, 며칠 동안 집에 갇혀 지내 우울함에 빠진 사람들 등 훨씬 더 많은 사람에게 스트레스와 괴로움으로 피해를 주고 있다. 그런 사정은 우리도 잘 안다. 교회는 이 상황에서 어디에 있어야 하는가?

앞서 살펴보았듯이, 어떤 사람들은 교회가 옆에서 지켜보면서 조언해야 한다고 말한다. 이 모든 사태의 원인은 모든 사람이 죄인이기 때문이다! 종말이 가까웠기 때문이다! 우리가 현 상황을 잘 파악하고 있으니 어떻게 해야 할지 알려 주겠다! 하지만 바울은 그렇게 말하지 않는다. 바울은 예수님을 따르는 이들도 똑같은 "신음"에 빠져 있다고 말한다. 우리는 자신의 현재 모습(약하고 혼란스럽고 부패하기 쉬운)과 앞으로 될 모습(영광스럽고 새롭고 영원한 몸으로 부활할) 사이의 엄청난 간격을 고통스럽게 인지하고 있다. 동시에, 이것은 우리가 창조세계의 신음을 공유한다는 의미다. 이는 교회가 지금 해야 할 일이 무엇이냐는 질문에 단도직입적으로 말한다.

지금 교회는 무엇보다도 **기도해야** 한다. 하지만 이 기도는 참으로 이상한 기도다. 우리는 성경에서 가장 영광스러운 장의 중심에 있는데, 여기서 바울은 **우리는 기도해야 할 때 마땅히 무엇을 기도해야 할지 모르지만**이라고 말한다. 우리는 어쩔 줄 모르고 있다! 하지만 그는 우리가 이를 부끄러워할 필요가 없다고 암시한다. 자연스러운 상태라는 것이다. 이것은 일종의 유배요, 일종의 금식이다. 무지의 순간이요, '통제되지' 않는 상황이다. 우리가 '영광'이라고 생각하는 것을 전혀 공유하지 못하는 상태다.

하지만 이때가 바로 우리가 삼위일체 하나님의 내밀한 삶에 사로잡히는 순간이다. 현 상황이 우리에게 경고하는 어두운 신비가 있다. 이 모든 상황에서 우리가 아는 한 가지는, '알지 못하는' 것이 지극히 정상적인 상태라는 것이다. 말하자면, 이것은 소크라테스 원리의 심오한 기독교 버전이라고 할 수 있다. 그는 잘 모른다고 주장했지만, 자신이 모른다는 것을 알기에 계속 질문을 던졌다. 이것을 온전한 삼위일체적 삶에 대입하면, 다음과 같은 것이 나온다. 우리가 '신음하면서' 무슨 말이나 행동을 해야 할지 모르는 바로 그때에, 하나님과 성령 하나님도 말없이 '신음하고' 계신 것을 알게 된다.

여기에는 일정한 패턴이 있는데, 예수님의 이야기를 오랫동안 곱씹어 온 사람들은 그것을 알아차릴 것이다. 우리는 하나님이 소위 '책임져 주시기'를 기대한다. 통제하고, 정리하고, 마무리해 주시기를 바란다. **하지만 우리가 예수님을 통해 보는 하나님은 친구의 무덤 앞에서 우신 하나님이시다.** 우리가 예수님을 통해 보는 하나님은 말없이 신음하시는 성령 하나님이시다. 우리가 예수님을 통해 보는 하나님은 그분이 '책임지고 있음'을 보여 주시려고 종처럼 제자들의 발을 씻겨 주신 분이다.

늘 큰소리를 치던 베드로는 뭔가 잘못되었다는 것을 알았다. 예수님은 승자가 되시고, 베드로는 그분을 위해 싸워야 하는데 말이다!(요한복음 13:6-10, 37-38) 교회는 늘 베드로의 유혹을 만난다. 필요하다면 싸워서라도, 세상을 '평범한' 방식으로 운영하려는 유혹 말이다. 하지만 문제가 닥치면 심하게 넘어져 움직이지 못한다. 오히려 로마서 8장에서 볼 수 있는 하나님의 성령은 필연적으로 요한복음 13장에서 볼 수 있는 하나님의 아들을 떠올려 준다. 이런 찬양 가사처럼 말이다.

당신의 속죄소를 잠깐이라도 보고 싶어 안간힘을 썼는데
당신이 우리 발밑에 무릎 꿇고 계시네.

그러면 우리는 무슨 말을 해야 하는가? 예수님을 따르는 우리는 그저 할 말이 없는 정도, '이 상황이 무슨 뜻인지' 온 세상에 큰 소리로 선포할 말이 없는 정도가 아니다(물론 세상도 우리에게서 무슨 말을 듣겠다고 간절히 기다리고 있지는 않다). 예수님을 따르는 우리도 창조세계의 신음에 사로잡혀 있다. 동시에, 성령 하나님도 우리 안에서 신음하고 계심을 깨닫는다. **기도하는 것, 고통받는 세상에서 말없이 기도하는 것, 이것이 우리 소명이다.** 친구나 가족의 죽음 앞에서, 제대로 된 장례식을 치러 줄 수 없어서, 세상의 수많은 극빈자를 위험에 빠뜨린 끔찍한 상황을 보고, 그것도 아니라면, 그저 격리 생활이 너무나 우울하여 슬퍼하며 눈물 흘리는 바로 그 순간, 무슨 말을 해보려고 해도 흐느낌이나 눈물만 흐를 때는, 성령 하나님이 창조세계의 고통 가운데 함께 계신다는 사실을 스스로 되새겨야 한다. 십자가에서 이스라엘뿐 아니라 온 세상의 고통에 함께하시며 "유대인의 왕"으로 일컬음 받은 예수님처럼 말이다. 신약성경 나머지 부분에서 특히 예수님과 관련하여 나오는 '통치', '왕국', '주권'의 재정의는 여기서 그 진정한 깊이에 도달한다.

이 특이한 현상, 하나님의 성령, 곧 하나님이 차마 말씀하지 못하고 신음하실 뿐인 이 현상을 이해하기 위해 바울은 탄식 시편인 44편으로 돌아간다. 하나님은 마음을 살피시고 그 사정을 정확히 아시는 분이다. 우리 마음이 모든 창조세계의 신음 가운데서 신음하고 있을 때 마음을 살피시는 하나님, 곧 성부 하나님은 "영이 생각하시는 바"를 아신다. 여기에 신비가 있다. 성부 하나님은 성령의 생각을 아시지만, 성부가 아시는 생각은 무슨 말을 해야 할지 모르는 생각이다.

그렇다면 우리는 창조주 하나님이 여전히 궁극적인 섭리의 하나님이시면서도, 그분의 세상이 무너져 가는 모습을 보고 눈물을 흘리신다고 감히 말할 수 있을까? 나사로의 무덤에 계셨던 예수님 이야기를 볼 때, 요한의 답은 그럴 것 같다. 또한 말씀으로 만물을 창조하시고 "참 좋았다"라고 선언하신 창조주 하나님이 창조세계가 망가지는 비극을 보시고 해야 할 적절한 말씀을 찾지 못하셨다고 말할 수 있을까? 이 본문에서 유추하건대, 바울의 대답도 그런 것 같다. 망가진 세상에 대고 자신 있게 말하는 것이 위험한 이유는, 우리가 그 왜곡된 모습에 말을 끼워 맞춰서 왜곡된 말을 하게 되기 때문이다. 항상 '통제하고' 계셔야 하는 하나님 이미지를 보호하기 위해서 말이다.

물론, 이 시점에서 어떤 사람은 그다음 절을 인용할지도 모른다. 로마서 8장 28절은 "하나님을 사랑하는 자들에게는 모든 것이 서로 합력해서 선을 이룬다"라고 번역되는 경우가 많다. KJV, NRSV, ESV, NIV 난외주 등이 그런 노선을 취한다. 많은 그리스도인이 그런 뜻으로 믿고 자란 탓에, 사람들은 무슨 재앙이든 어느 정도는 '좋은 결과가 있을 것'이라고 말할 수 있다고 생각하게 되었다. 이 말씀을 그렇게 이해한 사람들, 그리고 분명히 해두지만, 그런 해석에서 일종의 안도감을 발견한 많은 사람이 그 앞에 나오는 내용은 사실상 건너뛰었다. ("조금 이상해 보이지만, 하나님이 어떻게든 해결하실 거야!") 그렇게 해서, 모든 '나쁜' 일에 때로 스토아학파의 담요를 덮어 버렸다. "신경 쓰지 마. 모든 일이 서로 협력해서 선을 이룰 테니까."

이런 태도가 정말로 그리스도인다운 위로일까? 우리가 연구한 성경 본문이 정말로 이런 수동적인 '수용'을 지지하는 것일까? 이것이 코로나 바이러스 재앙에 대한 적절한 태도일까?

그렇게 생각하지 않는다. 나는 이 부분에서, 폭넓게 수용되지는 않지만 대안적 접근법을 강하게 주장한 최신 학자들의 도움을 받았다. [Haley G. Jacob in *Conformed to the Image of his Son* (Downers Grove: IVP Academic, 2018), 245–251; Sylvia C. Keesmaat and Brian J. Walsh, *Romans Disarmed* (Grand Rapids:

Brazos, 2019), 375 – 379를 보라. 이들의 해결책은 Robert Jewett, *Romans* (Minneapolis: Fortress Press, 2007), 526 – 528의 제안과 비슷하지만, 같지는 않다.]

최선의 방법은 그 문장에 대한 두 가지 일반적인 전제에 이의를 제기하는 것이다.

첫째, "모든 것"이 정말로 이 문장의 주어인가? 가장 하나님을 향해 있는 이 장에서, 바울은 '모든 것'에 일종의 내적 에너지가 있어서 스스로 작동한다고 말하고 있는가?

아니다. 사실은 '하나님'이 주어일 가능성이 크다. 일부 초기 사본은 이 점을 분명히 하려고 '호 테오스*ho theos*', 곧 '하나님'을 덧붙였다. 앞 절에서도 "마음을 살피시는 분"이라고만 했지만, 하나님이 주어다. 성령은 27절 하반절의 주어지만("영께서 하나님의 뜻에 따라 하나님의 백성을 위해 간구하시기 때문입니다"), 이는 "마음을 살피시는 분"이 주어인 주절의 종속절이다. 이 주어가 28절에도 이어진다고 가정하는 편이 가장 무난하다. 28절은 하나님을 두 번 언급하는데("**하나님**을 사랑하는 사람들"과 "**하나님**의 목적대로"), 이는 그분이 이미 문장 구조에 자리하고 계심을 암시한다. 그리고 곧바로 이어지는 29절과 30절에서는 확실히 '하나님'이 주어다.

일부에서는 '모든 것'이나 '하나님'이 아니라, 26절의 주어

이자 27절 하반절에 언급된 성령이 진짜 주어라고 주장했다. 하지만 대다수 학자는 그럴 가능성이 적다고 생각했다.

두 번째로, 더 중요한 문제는 왜 우리는 28절이 하나님이 그분을 사랑하는 사람들**의 유익을 위해** 모든 일을 하신다는 뜻이라고 확신하는가? 이것이 KJV를 비롯한 여러 번역본이 제안하는 '통상적인' 해석인데, 앞서 보았듯이 '모든 것'이 합력하여 선을 이룬다거나, '하나님'이 모든 일을 합력하여 선을 이룬다로, 혹은 '성령'을 주어로 해석할 수도 있다. '모든 것'을 주어로 삼은 KJV는 "하나님을 사랑하는 사람들**에게** 모든 것이 서로 합력하여 선을 이룬다"라고 해석한다. NIV 본문은 '하나님'을 주어로 하고, '하나님을 사랑하는 사람들'을 수혜자로 둔다. "모든 일 가운데서 하나님은 그분을 사랑하는 사람들**의** 유익을 위해 일하신다." 나는 《하나님나라 신약성경*The New Testament for Everyone/The Kingdom New Testament*》(한국 IVP)에서 이 노선을 따랐다. "하나님을 사랑하는 사람들…에게 모든 것이 함께 선을 이루도록 하나님께서 일하신다."

이 해석의 문제는, 동사가 '…**을 위해** 일하다'라는 뜻이 아니라는 점이다. 그 동사는 '…**과 함께** 일하다'라는 뜻이다. 여기 나오는 단어는 '일하다'라는 보통의 단어*ergazomai*가 아니라, '함께 일하다'라는 뜻의 '쉬네르게오*synergeō*'다. 접두사

'쉰syn–'은 '함께' 혹은 '같이'라는 뜻이고, '에르그erg–' 이하가 '일하다'라는 뜻이다.

바울은 이 단어를 다른 곳에서 두 차례 사용한다. 고린도전서 16장 16절에서 바울은 그와 전체 교회와 동역하는 "함께 일하[는]" 사람들을 언급한다. 고린도후서 6장 1절에서는 앞 단락(왕이 자신의 사절을 통해 일하듯이, 사도들을 **통해** 일하시는 하나님에 대해)을 요약하면서, 자신이 하나님과 "함께 일하는" 사람이라고 말한다.

이 사실이 암시하는 바는, 바울이 여기서 일하시는 하나님에 대해 이야기하고 있다면, 그가 사람들과 **함께** 일하시는 하나님, 혼자가 아니라 인간 대리인을 통해 세상에서 하려는 일을 하고 계신 하나님을 말하고 있다는 것이다. 물론, 이 점은 성경 신학 전반에 드러나 있다. 창세기 1장과 시편 8편에 나오는 하나님의 형상을 지닌 인류의 사명을 다시 생각해 보라.

어원이 같은 명사 '쉬네르고스synergos'는 동사보다 더 흔하다. 바울은 자신과 **함께 일하는** 동료들을 가리킬 때 이 단어를 열한 번이나 사용한다. 한 번은 "우리—사도들—는" 하나님과 함께 일하는 **하나님의** 동역자들이라고 말하면서 이 단어를 사용한다(고린도전서 3:9). 이것이 이 본문의 요점인 듯하다. 하나님은 그분을 사랑하는 사람들과 **함께**, 그들을 **통해** 모든 것을 합력하여 선을 이루신다.

'성령'을 주어로 해도 비슷한 의미를 얻을 수 있다. 로버트 주엣Robert Jewett이 자신의 주석에서 그렇게 제안한다. NEB와 REB가 이 노선을 따르는 듯하다. "모든 일에서⋯그분[성령]은 하나님을 사랑하는 사람들과 합력하여 선을 이루신다."

하지만 나는 NEB 난외주를 더 선호한다. 이 해석은 제이콥Jacob, 그리고 키이즈마트Keesmaat와 왈시Walsh가 최근에 제안한 내용에 가깝다. "하나님은 그분을 사랑하는 사람들과 친히 합력해서 선을 이루신다." RSV에서는 이를 예상할 수 있다("하나님은 그분을 사랑하는 자들과 **함께** 모든 것에서 합력하여 선을 이루신다"). NIV도 난외주에 두 번째 대안으로 이를 제안한다("하나님은 모든 것에서 그분을 사랑하는 사람들과 함께 일하셔서 선을 이루신다"). 16, 26, 27절에서처럼 성령은 신자들의 내면에서 일하시고, 이 성령과 신자의 결합이 아버지와 협력하는 합동 부대다. 26절이 묘사하는 말 없는 탄식의 순간은, 성부 하나님과 성령 하나님이 그 희한하지만 꼭 필요한 교류를 하시며, 성령에 사로잡힌 신자들과 함께 일하시는 순간이다.

따라서 로마서 8장 28절의 격려와 위로는 스토아학파의 체념과는 다르다. 바울이 다른 곳에서 말한 진리, 곧 하나님이 우리 안에서 일하고 계시니 우리도 열심히 일해야 한다는 진리를 깨달으라는 요청이다. 그 일은 그분의 '형상을 본받은' 인간이 메시아와 함께 '영광'을 받기 위해 특히 고난도 함께 받는 것을 통해 이루어진다. 바울이 여기서 신자들을 "하나님을 사랑하는 사람들"로 언급할 때는 그가 조금 전에 묘사한, 말로는 표현할 수 없는 깊은 탄식에 나타난 마음과 마음의 소통을 반영하고 있는 듯하다.

그렇다면 이 절의 마지막 부분("하나님의 목적대로 부르심을 받은 사람들")은, 이 사람들을 **위한** 하나님의 목적, 즉 이들에게 최종적인 구원을 주시겠다는 목적이 아니라, 이 사람들을 **통한** 그분의 목적을 묘사하는 것 같다. 하나님은 그들을, 고통받는 세상에 대한 그분의 구원 계획의 일부로 '부르셨다.' 이때 신자들은 탄식을 표현할 단어를 찾지 못했을지도 모른다. 그럼에도 이들에게는 여전히 해야 할 일이 있다. 사람들을 치유하고, 가르치고, 가난한 사람들을 구제하고, 캠페인을 벌이고, 위로해야 한다. 이런 일들은 모두 탄식에서 비롯된다. 안디옥 교회처럼, 우리도 '왜'를 말할 수 없을지는 몰라도, 희미하게나마 '무엇'을 찾을 수는 있다. 누가 위기에 처해 있는가? 무슨 일을 할 수 있는가? 누구를 보낼 것인가? 역설적이게도, 일부 전통에서는 앞뒤가 바뀌기 십상이었다. 은혜와 믿음을 타협하지 않으려고 '행위'를 더하는 것을 두려워하면서도, 바울이 주장하듯이 성령이 분명히 말씀하시지 않은 곳에서 이유를 밝히는 말을 보탤 준비는 지나치게 잘 되어 있었다.

그렇다면 바울은 스토아학파의 기독교 버전을 제안하고 있는 것이 아니다. 그는 고통당하며 구속하시는 섭리를 보이시는 예수님의 형상을 한 이미지를 제시하고 있다. 이 이미지에서 하나님의 백성은 그저 구경꾼이나 수혜자가 아니라 적극적인 참여자다. 그들은 "하나님의 목적대로 부르심을 받았다." 하나님은 지금도 세상 고통의 한복판에서, 성령의 사역을 위한 도구로 그들의 신음을 사용하시기 때문이다. 성령은 그 슬픔을 아버지 앞에 두시고, 다양한 치유와 소망의 사역을 위한 배경을 만드신다. 그렇게 해서 하나님을 사랑하는 사람들은 아들의 형상대로 빚어진다. 십자가의 모양으로, 하나님의 정의와 자비, 언약과 창조세계에 대한 그분의 신실하심이 눈물과 고통, 탄식과 산고를 통해 세상 앞에 드러난다.

이것이 지금 우리가 붙들어야 할 소명이다.

● 5장

● 이제 어디로

● 가야 하는가?

우리가 탄식해야 하는 이유

나는 이 유행병에 대해 꼭 필요한 그리스도인의 첫 반응으로 애통해야 한다고 촉구했다. 대략 시편의 3분의 1이 잘못된 상황을 탄식하는 시다. 이 시편들에 사용된 단어는 불평하는 말들이다. 질문과 슬픔, 분노, 좌절, 비통함의 표현이 가득하다. 이런 표현들은 예수님의 기도서에도 등장하고, 신약성경은 그런 말들을 자유로이 가져다가 우리의 애통함뿐 아니라 예수님의 애통함도 표현한다.

주기도가 우리의 '표준'이다. 우리는 종말의 갑작스러운 징표를 찾고 있는가? 아니다. 우리는 날마다 "하늘에서처럼 땅에서도 아버지의 나라가 오게 하시고"라고 기도하고, 예수님이 어떤 분이신지 알기에 그 기도가 응답될 것을 안다. 우리는 회개하라는 갑작스러운 요청을 찾고 있는가? 아니다. 우리는 날마다 "우리가 우리에게 죄 지은 사람을 용서하여 준 것같이 우리의 죄를 용서하여 주시고"라고 기도한다. 그리고 예수님이 어떤 분이신지 알기에 그 기도가 응답될 것을 안다.

아니면, 우리의 편안한 생활 방식을 떠나 이웃에게 좋은 소식을 전해 줄 새로운 이유를 찾고 있는가? 유행병이 돌아야 그렇게 할 정도라면, 부끄러운 줄 알아야 한다. "아버지께서 나를 보내셨듯이, 나도 너희를 보낸다", "가서 모든 민족을 제자로 삼[으라]"라는 예수님의 명령만으로는 부족했단 말인가? 바울이 아테네에서 알았던 것처럼, 더 이상 표적은 필요 없다. 늘 그렇듯이, 지나치면 오히려 못하다. 우리는 예수님이 필요하다. 하나님나라를 이 땅에 임하게 하신 그분의 삶과 죽음과 부활, 승천하신 주님의 주권, 다시 오셔서 영광스러운 최종적인 회복을 이루시고 하늘과 땅을 하나 되게 하신다는 약속이 필요하다. 이 내러티브에 새로운 '표적'을 더하려는 모든 시도는 오히려 그것을 깎아내릴 것이다. 그것은 예수님의 포도원 소작인 비유에서, 주인이 하나밖에 없는 아들을 보내어 농부들의 손에 죽는 모습을 보고도 더 보낼 종이 있었다는 뜻이 된다.

죽음이 집과 가게로 스며들고, 건강하다고 느끼는 사람이 자신은 알지도 못한 채 바이러스를 옮기고 다니고, 거리의 낯선 사람이 모두 위험인물이고, 다들 마스크를 착용하고, 교회가 문을 닫아 사람들이 홀로 임종을 맞아야 하는 심각한 위기의 때, 지금은 탄식할 때다. 손쉬운 답이 없다고 인정할 때다. 위기를 우리가 하고 싶은 말을 외쳐댈 기회로 삼는 것을 거부할 때다. 친구들의 무덤 앞에서 눈물을 흘릴 때다. 성령이 말할 수 없이 깊은 탄식으로 간구하시는 때다. 바울은 "기뻐하는 사람들과 함께 기뻐하고 우는 사람들과 함께 우십시오"라고 말했다. 맞는 말이다. 그리고 지금 세상이 울고 있다. 교회의 첫 부르심, 무엇보다도 가장 중요한 부르심은 우는 사람들 사이에 겸허히 자리 잡는 것이다.

슬픔도 사랑의 일부다. 슬퍼하지 않는 것, 애통하지 않는 것은 사랑이 흘러나오는 가장 내밀한 마음속 같은 장소의 문을 닫아 버리는 것이다. 우리 사회는 슬픔을 두려워하는데, 그저 죽음이 두려워서만은 아니다. 죽음을 두려워하는 것은 최후의 원수에 대한 적절한 반응이요, 자연스럽고 지극히 정상이다. 우리 사회가 슬픔을 두려워하는 이유는 두려움 자체를 두려워하기 때문이다. 슬픔이라는 말을 입에서 내뱉기만 해도 완전히 무너지기라도 하듯이 공포에 떤다. 우리는 '계속 살아가야 한다'고, '약해지면 안 된다'고 우리 자신에게 말해 주어야 한다. 그렇다. 친구의 무덤 앞에서 눈물을 흘리신 예수님처럼 강해야 한다. 예수님을 죽은 자들 가운데서 살리시고 우리의 죽을 몸도 살리실 성령님, 하지만 지금은 말할 수 없이 깊은 탄식으로 우리를 대신하여 간구하여 주시는 성령님처럼 강해야 한다. 시편으로 기도하는 법을 배운 사람처럼 강해야 한다. 인내하며 주님을 기다리는 법을 배우고, 세상에 전할 쉬운 대답이나 말을 기대하지 않는 사람처럼 강해야 한다.

나는 내 영혼에 잠자코 있으라고 말했다. 어둠이 그대를 발견할 수 있도록. 하나님의 어둠이 임하도록…
나는 내 영혼에 잠자코 있으라 말했다. 소망하지 말고 기다리라 말했다.
소망은 그릇된 것을 소망하기 때문이다. 사랑 없이 기다리라.
사랑은 그릇된 것을 사랑하기 때문이다. 하지만 아직 믿음이 있다.
그러나 믿음과 소망과 사랑은 모두 기다려야 한다.
생각하지 말고 기다리라. 그대는 아직 생각할 준비가 되어 있지 않을 테니.
그래서 어둠이 빛이 되고, 멈춤이 춤이 되어…
그대가 알지 못하는 곳에 도달하려면

독일 전투기가 런던 하늘을 새까맣게 뒤덮었을 때 쓴 엘리어트T. S. Eliot의 〈네 개의 사중주 Four Quartets〉 중 두 번째 시 "이스트 코커East Coker"를 묵상해 보자. 시인은 힘든 상황에서 우리가 얻으려는 모든 손쉬운 위안은 망상일 가능성이 크다는 것을 깨달았다. 우리는 그 위안을 꼭 붙잡는다. 아니, 하나님이 우리에게 그것들을 빨리 주시기를 기대하는지도 모르겠다. 어둠을 맞닥뜨리고 싶지 않아서. 겟세마네의 예수님과 함께 "깨어 기도"하고 싶지 않아서. 자제하고 금식해야 할 때가 있다. 유배의 시간이 있다. 아무 데도 소속되지 않은 듯한, 낯설게 하기의 시간, 성급히 판단하지 않아야 할 때가 있다. 기도할 때나 살아갈 때나 미봉책을 붙잡는 건 너무 쉬운 일이다. 탄식하라는 요청과 함께 사는 삶, 성령의 신음에 동참하는 삶은 힘들고 괴로울 수 있다. 하지만 바로 거기에서 우리는 아들의 형상으로 변화된다.

나는 예수님과 성령님과 함께라야 하나님이 세상을 '주관하고' 계신다는 의미를 제대로 알 수 있다고 주장했다. 예수님은 그분의 소명을 중심으로 하나님나라를 재정의하셨는데, 그 소명의 절정이 "성경대로 우리 죄를 위해 죽으[신]"(고린도전서 15:3) 십자가형이었다. 그분은, 세상을 구해 내려는 창조주의 목적에 초점을 맞춘 이스라엘의 전체 내러티브가 성금요일의 외로운 고통이라는 한 점으로 수렴되고 있다고 이해하셨다. 예수님은 어둠으로 들어가 그 무게를 온전히 홀로 짊어지셔야 했다. 그것이 이스라엘의 하나님이 인간으로 오셔서 궁극적인 유월절을 성취하신다는 옛 약속의 성취라고 믿으셨기에 그렇게 하셨다. 이것이 우주의 어둠의 권세를 타도하는 방법이 될 것이다. 죽음과 그 죽음의 결과에서 세상을 구하는 방법이 될 것이다.

예수님은 이렇게 믿고 행동하심으로 창세기에 나오는 인류의 소명, 곧 세상에 하나님의 목적을 드러내는 소명에 완벽하게 들어맞게 사셨다. 인간이 죄를 지었다고 해서 하나님은 창조 프로그램에서 그 부분을 취소하시지 않았다. 한 가족을 부르셔서, 그들이 다른 사람들과 마찬가지로 흠이 많다는 것을 잘 아시고도 구속과 새 창조 사역의 동역자로 삼으셨다. 이 인류 가족, 곧 아브라함과 모세와 다윗의 백성은 결국 예수님과 함께할 운명이었다. 이 예수님은 친구의 무덤 앞에서 우셨고, 겟세마네에서 고뇌하셨으며, 십자가에서 버림받아 울부짖으셨다. 하나님나라는 이렇게 세워졌다.

그것이 계속 하나님나라의 특징이다. 산상수훈에서 그것을 볼 수 있다. 예수님의 제자들이 그분이 이미 온 세상의 진정한 주님이시라고 선포하러 나가는 사도행전에서 그것을 볼 수 있다. 현대 합리주의자들—합리주의 회의론은 합리주의 변증론으로 답변해야 한다고 전제하는 현대 기독교 합리주의자들도 포함하여—은 분명 탱크나 폭탄으로 세상 문제들을 해결할 수 있다고 상상한다. 이것이 서양 권력층이 정치적 차원에서 반복해 온 일이고, 일부 변증론자들이 지적 차원에서 시도한 일이다. 그들은 이렇게 말한다. "하나님은 주권적이시다. 그분은 원하는 일은 얼마든지 하실 수 있기에 세상에서 벌어지는 모든 일은 다 하나님이 원하신 일이 틀림없다. 따라서 우리는 그 이유를 말할 수 있어야 한다." 하나님은 하나님나라를 그렇게 세우시지 않았고, 지금도 하나님나라는 그렇게 작동하지 않는다. 예루살렘에 도움의 손길을 보낸 안디옥 교회를 다시 생각해 보라.

하나님을 슬프게 하는 일은 여러 가지다. 그런 일들은 그분께 충격을 준다. 섭리는 예수님의 형상을 하고 있다. 끊임없이 만사를 '통제하는' 철권 통치가 아니다. 창세기 6장 6절에서 하나님은 인간의 악함을 보시고 "이걸로 뭔가 해보려고 내가 일부러 허락했지"라고 말씀하시지 않는다. **마음 아파하셨다.** 히브리어 원문을 보면 그 의미가 더 확실한데, 이 부분은 후대의 일부 유대 사상가들에게 문제가 되었던 것 같다. 70인역 번역(약 주전 2세기)은 그냥 "심사숙고하셨다"라고만 말하기 때문이다. 어쨌든, 그렇게 마음 아파하신 하나님은 노아를 부르셨고, 그를 통해 재앙을 통과할 길을 만드셨다. 그런데 창세기 6장 6절에서 하나님을 묘사한 표현과 마가복음 14장 34절에서 예수님을 묘사한 표현이 일직선으로 연결된다. "'내 영혼이 심히 괴로워' 죽을 지경이구나"('탄식시'의 고전인 시편 42편과 43편 인용). 요한복음에도 비슷한 예수님의 말씀이 나온다. "지금 내 마음이 괴롭구나"(12:27, 시편 6편 인용). 예수님은 죽음과 절망의 홍수가 그분 앞에 몰려오는 것을 보신다. 노아와 달리, 그분께는 방주가 없다. 그럼에도 하나님의 모든 피조물을 데리고 죽음의 홍수를 통과하여 부활절 아침에 동터오는 새 창조의 세계로 나오실 것이다.

마찬가지로, 어떤 일들은 확연히 하나님께 충격을 준다. 이스라엘 백성은 인간을 제물로 드려서는 안 된다는 말을 반복해서 들었다. 하지만 그들은 몰래 그런 짓을 했을 뿐 아니라, 그런 목적으로 큰 '산당'까지 지었다. 그에 대해 하나님은 "그런 것은 내가 명하지도 않았고, **상상조차도 하여 본 적이 없다**"라고 말씀하신다(예레미야 7:31; 또 32:35에 반복). 히브리어 본문은 두 번 다 '마음'이라는 표현을 쓴다. 하나님은 그런 것을 의도하시지도 않았고, 꿈도 꾸시지 않았다.

물론 이것은 역설이다. 우리는 베드로가 사도행전 2장 23절에서 청중에게 하는 말에서 그 역설을 가장 뚜렷하게 볼 수 있다. 그는 하나님이 예수님의 죽음을 의도하고 계획하셨다고 말하지만, 예수님을 체포하고 심판하고 죽인 사람들은 그럴 만큼 악했다고 말한다. 이 역설을 피할 방법도 없고, 그 방법을 찾아서도 안 된다. 딱 떨어지는, 명료하고 기계적인 분석은 불가능하다. 악은 하나님의 창조세계의 침입자다. 악이 무엇이고 하나님이 왜 악을 허용하시는지, 혹은 하나님이 악을 어떻게 처리하시는지 분석하려는 시도—하나님이 죄인들을 위한 예수님의 죽음을 통해 악을 이기신다는 확실하고 강력한 선언을 제외하고—는 바람을 병에 담으려는 헛된 시도일 뿐 아니라, 우리가 '악'에 적절한 자리를 마련해 주는 질서 정연한 우주를 생각할 수 있다고 가정하는 것이다.

하나님의 선한 창조세계에 '본래부터' '악'의 자리가 있다고 설명하는 방식은 위험하다. 옛 철학자들의 '악의 문제'는 십자가 아래가 아니고서는 '해결할' 수 없다. 정치인들의 '악의 문제'(조지 부시와 토니 블레어가 자신들이 대처하려는 '악의 축'에 대해 당당하게 이야기한 9/11 이후에 두드러진)가 늘 상황을 위험하게 해결하는 방식이듯이 말이다. 부시와 블레어는 높은 곳에서 폭탄을 떨어뜨려 '악의 문제'를 해결할 수 있다고 생각했다. 당시에 일부에서 예측했듯이, 이 폭탄 하나하나는 훨씬 더 극단적 형태의 급진적 이슬람주의를 일으킨 또 다른 동인이 되었음이 드러났다. 마찬가지로, 일부에서 제공한 '악'에 대한 합리주의적 분석("어떤 사람들에게 영웅주의와 자기희생 등의 미덕을 계발할 기회를 만들어 주시려고 하나님이 홀로코스트를 허용하셨다" 또는 "현대 이스라엘 국가를 일으키시려고 홀로코스트를 허용하셨다")은 새로운 형태의 급진적 무신론을 불러온 동인이 된다. 이들은 하나님을 어둡고 충격적인 모습으로 그린다. 이 하나님은 위험한 바이러스가 중국의 실험실이나 시장에서 빠져나와 수많은 무고한 사람이 죽게 내버려 두신다. 그렇게 해야 남은 사람들에게 회개하라고 요청하고, 일부 사람(의사와 간호사)들이 영웅주의를 발전시키고 보여줄 수 있는 무대를 만들 수 있으니 말이다. 이것이 당신이 믿는 '하나님'이라면, 많은 현대인은 당연히 '우리는 그 신과 조금이라도 얽이고 싶지 않다'라고 생각할 것이다.

그렇다면, 사실은 하나님이 세상 운영의 많은 부분을 인간에게 위임하셨다고 생각하는 편이 훨씬 더 적절하다. 그렇게 하셔서 인간이 그분의 마음을 아프게 하거나 충격을 줄 수도 있는 위험을 무릅쓰셨다. 하지만 그런 일이 생길 때 그분은 사람들에게 책임을 물으실 것이다. 이것이 하나님의 형상을 지닌 사람들에게 권위를 위임하신다는 동전의 다른 면이다. 예수님은 본디오 빌라도에게 하나님이 위임하신 진정한 권위가 있음을 아신다. 그래서 하나님이 예수님을 그에게 넘겨준 사람에게 책임을 물으실 것이라고 말씀하신다(요한복음 19:11). 바로 이 때문에 우리는 이 바이러스를 퍼져 나가게 한 원인과, 다양한 국가와 정부가 유행병에 대비하고 유행병이 덮쳤을 때 현명하게 대처한(혹은 대처하지 못한) 방식을 적절히 조사하고 책임을 물어야 한다.

이 모든 내용이 우리를 다음 질문으로 인도한다. 그러면 우리는 어떻게 이 문제와 함께 살 것인가? 어떻게 이 문제를 극복할 것인가? 이런 혼란 가운데서 (애통하는 것과 함께) 교회의 소명은 무엇인가?

(요한복음 20장에 따르면) 최근 우리에게 매우 익숙해진 세 가지와 함께 교회의 선교가 시작되었는데, 그것은 바로 눈물과 잠긴 문과 의심이다.

첫 부활절에 막달라 마리아는 예수님의 빈 무덤 바깥에서 울고 있었다(요한복음 20:1-18). 놀랍게도, 예수님이 마리아를 만나서 이야기를 하시고 할 일을 주셨다. 마리아는 숨어 있는 제자들을 찾아가 말씀을 전해야 했다. 예수님이 살아나셨고, 이제 그분이 온 세상의 주님이 되셨다고.

같은 날 밤에 제자들은 여전히 문을 닫아걸고 숨어 있었다(요한복음 20:19-23). 예수님을 잡아간 사람들이 들이닥쳐서 자기들도 잡아갈까 봐 무서웠다. 하지만 잠긴 문도 예수님을 막지는 못했다. 그분이 오셔서 제자들 곁에 서셨다. 함께 식사하시고, 사명도 주셨다. "아버지께서 나를 보내셨듯이, 나도 너희를 보낸다." 이 말씀은 무슨 뜻이었을까? 앞으로 살펴보겠지만, 가장 확실한 해석은 예수님이 이스라엘에 오셨듯이, 교회도 세상으로 나가야 한다는 것이다.

그다음 주에 제자들이 같은 방에 모여 있었다. 이번에도 문은 잠겨 있었다. 도마는 처음 예수님이 나타나셨을 때는 그 자리에 없었다. 그는 한 주 내내, 예수님이 나타나셔서 정말로 그분이심을 증명하지 않으면 믿지 못하겠다고 말하고 다녔다(요한복음 20:24-29). 예수님이 다시 오셔서 도마에게 그분의 손과 옆구리의 상처를 만져 보라고 말씀하셨다. 이 상처는 그분의 정체성을 증명하고, 그분의 사랑을 드러냈다.

눈물과 잠긴 문과 의심은 함께 간다. 비슷한 내용을 이야기하는 다른 방식이다. 이 셋이 함께, 내가 이 글을 쓰는 지금 인류가 처한 상황에 대해 많은 내용을 압축해서 보여준다. 당연히 눈물이 많다. 너무 많은 사람이 갑자기 목숨을 잃었다. 닫힌 문. 정확히 그런 상황이다. 두려움은 우리에게 앙심을 품은 특정한 사람들에 대한 두려움이 아니다. 길거리에서 마주치는 누구라도 부지불식간에 내게 병을 옮겨 한두 주 사이에 죽음에 이르게 할 수 있다는 더 크고 모호한 두려움이다. 물론 내가 다른 사람에게 병을 옮길 수도 있다. 그러니 격리한다. 그리고 눈물과 격리 사이에서 의심이 잡초처럼 자란다. 이게 무슨 상황인가? 이런 세상에 믿음이나 희망의 여지가 남아 있을까? 두어 사람을 제외하고 모든 사람과 격리되어 있다면, 사랑의 여지가 있을까? 하나같이 쉽지 않은 질문들이다.

이는 교회가 능숙하게 답변할 수 있어야 할 질문들이다. 그저 말로만이 아니라(들을 사람이 있기는 한가?), 상징적으로 말이다.

첫 제자들이 슬퍼하고 두려워하고 의심하는 그들을 만나러 오신 예수님을 발견했다면, 우리도 그럴 수 있을 것이다.

하지만 어떻게?

'예수님이 이스라엘에 오신 것**처럼**, 교회도 세상으로 나가야 한다'라는 말은 구체적으로 무슨 뜻인가?

앞서 살펴보았듯이, 요한복음은 예수님이 베푸신 **표적들**을 보여준다. 거기에 지진이나 기근, 전염병이나 홍수 같은 것은 없었다. 예수님의 표적은 사람들을 공포에 몰아넣어 굴복시키거나 믿게 하거나, 세상의 멸망을 경고하려는 의도가 없었다. 오히려 새 생명, 새로운 창조세계의 표적이었다. 하나님이 평범한 것에 임하셔서 그것을 비범하게 만드시는 표적이었다. 병든 세상을 치유하시고, 굶주린 자들에게 빵을 주시고, 눈먼 자를 보게 하시고, 죽은 자를 살리시는 표적이었다. 세상이 새봄으로 태어나는 표적이었다. 새 출발이었다.

다락방에서 슬퍼하고 두려움에 떨며 의심하던 제자들에게 예수님은 그와 같이 하라고 명령하셨다.

그래서 제자들은 순종했다. 맨 처음부터. 바울은 자신의 첫 번째 편지에서 갈라디아 사람들에게 "모든 사람에게, 특히 믿음의 가족들에게 선한 일을 합시다"라고 말한다.

세상 사람들은 믿기 힘들었다. 앞에서 보았듯이, 전염병이 퍼지자 초기 그리스도인들은 사람들 사이로 들어가 그들을 간호했다. 그러면서 다른 사람을 살리기도 하고, 자신이 죽기도 했다. 죽음을 초월한 하나님의 생명의 약속을 믿는 이들의 강한 믿음이 이들에게 담대함을 주어 죽음 앞에서도 의연해져, 병에 대한 두려움 때문에 가족과 사회가 버린 고통받는 사람들을 도울 수 있었다.

로드니 스타크Rodney Stark의 유명한 저서《기독교의 발흥*The Rise of Christianity*》(좋은씨앗, 4장)은 이를 잘 설명해 준다. 스타크는 2-3세기에 전염병이 유행했을 때 그리스도인들이 대처한 방식이 신앙 전파에 이바지한 결정적 요인이었다고 설득력 있게 주장한다. 스타크와 그를 뒤이은 몇 사람은 마르쿠스 아우렐리우스Marcus Aurelius 황제의 목숨을 앗아 간 주후 170년대 전염병과 250년대 전염병에서 증거를 수집했다(병명을 확실히 아는 사람은 없다. 천연두와 홍역이라고들 하는데, 대비가 안 된 사람들에게는 둘 다 엄청난 살상력이 있다). 콘스탄티누스Constantine 대제가 기독교를 공인하고 나서 4세기 후반에 로마제국을 다시 개종시키려 한 율리아누스Julian 황제마저, 그리스도인들이 비그리스도인들보다 환자와 가난한 자를 훨씬 더 잘 돌본다며

한탄했다. 소 잃고 외양간 고치는 격이었다. 예수님이 이스라엘을 위해 하신 일을 그리스도인들이 세상을 위해 하고 있었다. 주변 사람들이 알아차렸다. 뭔가 새로운 일이 벌어지고 있었다.

전통은 계속되었다. 병원과 호스피스를 세운 사람들은 그리스도인들이었다. 예수님을 따르는 이들은 엘리트가 아닌 사람들에게도 교육을 제공하고 가난한 사람을 돌보는 일에도 앞장섰다. 지금도 그렇지만, 부족한 게 한둘이 아니었다. 의료 분야에서는, 세균을 발견하여 연구하고 백신과 예방 접종이 자리 잡은 현대에 와서야 주요 유행병이 잠잠해졌다. 따라서 예수님 시대부터 최근 100-200년 전까지만 해도, 전염병은 나타났다 사라지기를 반복하면서 끔찍한 결과를 남길 때가 많았다. '현대'에 사는 우리는 제외된다고, 과학과 기술의 '진보'로 그런 것들은 다 사라졌다고 생각하면 오산이다. 이는 19세기 말 사람들이 서양 사회가 하나님나라를 향해 별탈 없이 진보하고 있다고 생각한 것과 마찬가지다.

그래서 예수님을 따르는 이들은 기독교 역사 내내 대체로 그런 사고방식을 피했다. 대신, 안디옥 교회처럼 열심히 할 일을 했다. 갇힌 자를 찾아가고, 다친 사람을 돌보고, 이방인을 환영하고, 굶주린 사람들에게 먹을 것을 주었다. 그리고 아픈 사람을 간호했다. 과거 대부분의 시기에, 밤낮으로, 좋을 때나 나쁠 때나, 흑사병이 돌 때든 선페스트가 돌 때든, 전시나 평시나, 도심 슬럼이나 외딴 농가에서나, 성직자와 평신도가 똑같이, 상당한(때로는 치명적인) 위험을 무릅쓰고 그렇게 했다. 마태복음 25장 말씀을 따라서, 궁핍한 사람들의 얼굴에서 주님을 만나라는 권면은 늘 강력했다.

이 유행병이 퍼지기 시작했을 때 마르틴 루터Martin Luther가 쓴 글 일부가 인터넷에 회자되었다. 그 글에는 루터 특유의 현실적인 지혜와 실천적인 신앙이 한데 녹아 있었다. 1520년대와 1530년대에 비텐베르크를 비롯한 여러 곳에서 다양한 전염병을 만난 루터는 교회와 시민 지도자들에게 보낸 편지에서, 설교자와 목회자들이 자기 자리를 지켜야 한다고 주장했다. 선한 목자처럼 양 떼를 위해 자기 목숨을 포기할 준비가 되어 있어야 한다고 말했다. 시민 지도자들과 가장들 역시 남겨진 사람들을 제대로 안전하게 지킬 수 있을 때만 자신도 전염병을 피할 수 있다고 했다. 이는 5백 년 전과 마찬가지로 오늘날에도 유용한 조언이다. 그는 전염병이 하나님이 주신 메시지일 수도 있지만, 그에 대한 적절한 접근법은 실제적이고 믿을 수 있어야 한다고 말한다. 그는 우리가 이렇게 생각해야 한다고 말한다.

하나님이 허락하셔서 원수가 독과 치명적인 똥을 보냈으니, 나는 하나님께 자비를 베푸셔서 우리를 보호해 달라고 기도할 것이다. 그다음에는, 소독하여 공기를 정화하고, 약을 먹고, 나를 보호하고 내 부주의로 나를 통해 다른 사람들이 감염되어 목숨을 잃는 일이 없도록 꼭 가야 할 곳이 아닌 장소와 사람들은 피할 것이다. 하나님이 나를 데려가시기 원한다면, 얼마든지 나를 찾으실 수 있을 것이다. 적어도 나는 하나님이 명령하신 일을 완수했으니, 나의 죽음이나 다른 사람들의 죽음에 책임이 없다. 하지만 이웃에게 내가 필요하다면, 어떤 사람이나 장소도 피하지 않고, 그를 찾아가 도울 것이다.

《루터의 영성 상담 편지*Luther: Letters of Spiritual Counsel*》, ed. T. G. Tappert(London: SCM Press, 1955), 242, 1527년 편지 중에서.

이 편지의 핵심에는 불쾌한 현실을 그대로 보여 주는 지혜가 있다. 루터는 전염병이 덮쳤을 때 그리스도인의 '정상적인' 행동은 도망치는 것이 아니라, 자리를 지키고 돕는 것이라고 확실히 믿었다. 하지만 그는 세균과 바이러스의 작용에 대해 알려지지 않았던 시대에도, 사람들이 나쁜 의도가 없더라도 사태를 악화시킬 수 있다는 것을 알았다. 오늘날 우리는 그 점을 너무도 잘 안다. 자신도 모르는 사이에, 바이러스를 보유하고 옮길 수 있다. 따라서 예수님을 따르는 이들의 자연스러운 성향, 곧 그분의 부르심에 순종하여 자기 목숨까지 걸고 위험한 자리에서 돕고자 하는 것도 달리 보일 수 있다. 영웅적으로 보이는 행동이 상황을 더 안 좋게 만든다면 말이다. '옳은 일을 하려는' 욕구, 영웅이 되려는 관대한 일차원적 욕구가 재앙을 초래한다면, 영웅주의를 절제하려는 똑같이 관대한 마음으로 균형을 맞추어야 한다.

하지만 이것이 아무것도 하지 않는 데 대한 변명이 되어서는 안 된다. 애통하는 마음에서 창의적인 행동이 나와야 한다. 적어도 성직자는 (제대로 된 훈련과 허가를 받고, 보호복을 갖추어서) 아픈 사람과 죽어 가는 사람들을 돌볼 수 있어야 한다. 종종 그런 경우가 있듯이, 일반 의사들이 그런 사역은 불필요하다고 생각한다면 다각도에서 도전해야 한다. 지난 200-300년 동안 치유와 소망을 가져다주는 교회의 장기적 소명이 세속 세계에 알려진 것에 대해 하나님께 감사하기에, 우리는 특히 균형 잡힌 인간적인 접근법이 되도록 의료진과 동역해야 한다. 이는 특히 죽음을 앞둔 사람들에게 적용된다. 지난 50년간 발전한 호스피스 운동은 대체로 기독교계에서 시작되어 개인 기금으로 운용되었는데, 일반 의료계에서 때로 소홀히 한 희망의 증거가 되었다.

그렇다면 예수님의 제자가 되라는 부르심은, 잠긴 문 안에서 눈물로 자신과 세상의 의심에 맞서 하나님나라 표적을 드러내는 자가 되라는 부르심이다. 우리는 아픈 사람을 치료하고, 굶주린 사람에게 먹을 것을 주는 등 예수님의 표적처럼 새로운 창조를 말해 주는 표지판을 세워야 한다. 말만 하지 말고, 행동과 상징으로 말이다. 이것은 무료 급식소를 운영하고, 노숙자 쉼터에서 일하고, 교도소에 있는 친척을 면회하려는 사람들을 도와준다는 뜻이다. 이런 일들에서 보람을 찾을 수 있지만, 부담도 클 수 있다. 막달라 마리아와 도마를 비롯한 다락방의 제자들처럼, 그 일들을 위해 우리에게도 살아 계신 예수님의 임재와 성령의 강력한 영감이 필요하다. 그리고 우리는 그것을 약속받았다.

우리는 이 소명을 따르면서, 예수님이 요한복음 16장에서 제자들에게 말씀하신 일을 할 것이다. 성령의 능력으로, 우리는 세상에 책임을 물을 것이다. 예수님을 따른 이들이 로마제국 관리들에게 사회를 운영하는 다른 방법이 있음을 보여 주었듯이, 오늘날에도 창의적이고 치유와 회복을 일으키는 교인들의 사역에서 하나님나라 표적이 나타날 것이다. 상황과 기회는 다양하지만, 하나님나라 백성의 탄식에서부터 새로운 가능성이 나타날 수 있고, 나타날 것이다. 오늘날 예수님의 제자들이 세상의 고통 한가운데서 애통하며 기도할 때 새로운 소명, 곧 치유와 지혜를 가져다주는 소명, 권력자들에게 해야 할 일을 확실하게 알려 주는 소명이 나타날 것이다.

물론, 영국처럼 국가 의료 서비스를 시행하는 곳이라면, '의료'는 국가 소관이니 교회는 사람들에게 기도하는 법을 가르치고 '천국' 가는 길을 보여 주는 '영적인' 일로 돌아가도 괜찮다고 생각할지도 모른다. 18세기 이후로 '세속' 사회는 예수님의 제자들이 하던 일을 다시 찾아와 그에 대한 공적을 주장하려고 최선을 다했다. 교회는 '세상'을 거부하는 플라톤주의에 빠져 현실 도피적 '복음 전도'와 '영성'을 제공하는 등 그 시류에 따라갈 때가 자주 있었다. 하지만 정부 자금이 줄어들고 의료 서비스가 더는 제 역할을 하지 못할 때 교회가 항의하는 목소리를 높이고 나서서 도와야 한다(하지만 그렇지 못할 때가 많다). 우리는 다른 어떤 단체나 회사보다 의료 분야에서 역사가 길다. 그런데 이제는 거기서 손을 떼고 '전문가'에게 맡겨야 한다는 말을 갑자기 듣는다면, 교회의 정체성을 포기하라는 말을 듣는 기분일 것이다. 다른 사람들이 (사실상 과학적인 조언은 너무나 다양한데도) 더 잘 안다고 주장하고, 우리는 필요 없다고 말한다. 우리는 우위를 점하기를 두려워해서는 안 된다. 이것도 성령의 능력으로 세상에 책임을 묻는 일의 일부다.

이는 교회 건물을 폐쇄하고 각자 가정에서 온라인 예배를 드려야 하는지를 둘러싼 최근의 논란을 제기한다. 내 생각에, 이 문제에서는 (기독교 신학에서 흔히 그렇듯이) 우리가 귀 기울여야 할 두 가지 다른 내용이 있는 것 같다. 양쪽을 모두 경청할 필요가 있다.

첫째, 교회 건물은 세상을 피하는 도피처가 아니라, 세상으로 나아가는 교두보다. 올바른 '성소' 신학은 공공 예배를 드리는 건물을, 하나님의 영광이 온 창조세계를 채우실 때를 미리 보여 주는 징표로 보아야 한다(나는 *Interpreting Scripture*, 2020, 18장에서 이 개념을 더 자세히 설명했다). 따라서 우리는 우리가 정기적으로 교회 건물에서 예배하는 살아 계신 주님이 교회 건물이라는 눈에 보이는 제약을 넘어서서 온 세상에 치유와 소망을 가져다주시는 모든 방식을 경축해야 한다.

시인 말콤 가이트Malcolm Guite는 교회가 문을 닫은 지난 부활절, 그리고 목요일 저녁마다 영국인들이 집 밖으로 나와 용감한 의료 종사자들에게 박수를 쳐 주는 새로운 현상을 돌아보면서 그 모습을 아주 멋지게 담아냈다. 말콤의 허락을 받아 아래에 전문을 인용한다.

2020년 부활절

이 희한한 부활절에 예수님은 어디 계시는가?

그 어두운 무덤에 봉인되어 계시지 않았던 것처럼

문 닫힌 우리 교회에 갇혀 계시지 않았네.

문이 열리고, 돌이 치워져

그분은 이미 오래전에 일어나 부활하셨네.

살아나셔서, 구원하려고 자기 생명을 주신

세상으로 나아가셨네.

빈 무덤에서 그분을 찾을 필요가 없다네.

그분은 이날 사제들 손에 들린 제병이나

붉은 가운을 입은 성가대원들의 입에서 나온

음악이었을 수도 있지만, 그 대신

우리의 삼베 천을 내려놓고 교회를 빠져나가

간호사와 함께 앞치마를 두르시네.

들것을 잡아 들고, 죽어 가는 사람들의 연약한 육신을

다정한 손길로 어루만지시네. 소망을 주시네.

숨이 가쁜 사람들과 함께 숨 쉬시고 견딜 힘을 주시네.

예수님이 수천 명의 이름과 얼굴로 오셔서 우리를 섬기셨기에

목요일마다 우리는 박수 치네.

병실 바닥을 닦으시고 그분께는 죽음을 뜻했던

광환corona의 흔적을 잡으신다네.

수많은 장소에서 성금요일이 일어났다네.

그곳에서 예수님은 무력한 자를 붙잡아 주시고

그들과 함께 죽으셔서 그분의 부활을 나누어 주시네.

이제 그들은 그분과 함께 부활한다네. 정말로 다시 산다네.

말콤 가이트의 작품이 다 그렇지만, 이 작품에도 심오한 지혜가 있다. 예수님은 그분의 사역을 진전시키기 위해 굳이 교회 건물이 필요 없으시다. "이 유행병 시대에 하나님은 어디에 계시는가?"라는 질문에 대한 한 가지 대답은 "치유와 소망을 주시려고 고통받고 죽어 가시면서 최전선에 계신다"라는 것이다.

하지만 짚고 넘어갈 점이 또 있다. 영국처럼 교회(와 회당과 모스크를 포함한 기타 예배 장소)가 문을 닫은 나라들에서는 충분히 이해할 만한 이유에서 세상에 엉뚱한 신호를 보낼 위험이 있다. 지난 3백 년 동안 서양 세계는 '종교'(이런 새로운 관점에 적응하기 위해서 그 의미가 바뀐)를 사적인 문제, '사람들이 혼자 하는 일'로 간주했다. 대중의 사고에서 기독교 신앙은, 많은 사람이 이야기하듯 공적인 삶에는 전혀 자리가 없다는 의미에서 '사적인' 운동으로 축소되어 버렸다. 그래서 나는 동네에 있는 번잡한 작은 주류 판매점에서 쇼핑은 할 수 있어도, 길 건너 오래된 채플에는 갈 수 없다. 예배가 눈앞에서 사라져 버렸다. 종교의 사유화와 문 닫은 교회가 마치 결탁한 것처럼 보일 것이다. 임시로 공동 예배를 중지하고 목회자의 거실에서 송출하는 생방송 예배를 드리면서, 우리는 사실 조금 신비로운 취미를 추구하는, 마음이 맞는 집단에 불과하다고 동의하는 것처럼 보인다. e-예배의 위험은 P-예배('홀로 계신 분께 홀로 날아가는' 플라톤의 시각)로 변할 수 있다는 점이다. 그런 방향으로의 문화적 압력이 이미 존재하므로, 이 위험을 인지하는 것이 중요하다.

다행히도 지금까지는 교회 건물에는 가지 않았을 많은 사람이 인터넷으로 '교회에 가 봤다'라는 반응이어서, 그 점은 흥미로운 발전이다. 하지만 오랫동안 교회는 저잣거리와 도심 광장, 마을 광장과 교외 주거 지역에서 서양 현대성이 몰아내려 애쓴 필수적인 삶의 차원을 일깨워 주는, 보고 들을 수 있는 상징이었다. 우리는 이 강요된 '유배' 시기에 틀림없이 많은 것을 배울 테지만, 우리 건물이 사회 내에서 원래 계획된 용도대로 기능할 날이 오도록 기도해야 한다.

다시 말해, 나는 위기가 닥쳤을 때 교회가 세속 사회가 인도하는 대로 얌전히 따라가는 방식이 우려된다. **예수님의 사역에서 드러난 새 창조의 표적은 치유하시는 예수님의 임재 그 자체, 그리고 무엇보다도 그분의 죽음과 부활이었다.** 공공장소에서 적절한 안전 규칙을 준수하면서 삼위일체 하나님을 예배하는 것은, 늘 우리를 지켜보는 세상에 신호를 보내는 방식의 일부였다. 바울이 빌립보 교인들에게 "주 안에서 항상 기뻐하십시오"라고 말할 때 '기쁨'은 그저 '마음속으로 행복을 느끼는' 것만 뜻하지 않는다. 거리로 뛰쳐나와(물론, 안전한 거리 두기는 필수다) 축하한다는 뜻이다! 다른 많은 사람은 그렇게 하고 있다. 바울 시대에는, 공공장소에서 벌어지는 행진과 길거리 잔치, 종교의식이 아주 많아서 사람들은 사회에서 벌어지는 일들을 다 볼 수 있었다. 바울은 예수님을 따르는 이들도 그렇게 하기 원했다. 성경에서 '기쁨'이라는 단어는 **귀로 들을** 수 있는 무언가를 나타낸다. 좀 떨어진 거리에서 말이다. 느헤미야 12장 43절을 확인해 보라.

나는 이 두 관점 사이에 끼어 있다. 둘 다 맞는 것 같다. 우리가 책임감 있게 깐깐하게 행동해야 한다는 데 전적으로 수긍한다. 독실한 신자가 되고 싶지만 잘못된 인도를 받은 사람들이 그리스도인은 자동으로 병에 걸리지 않는다고 믿거나

(텔레비전에서 어떤 사람이 한 말대로) "사탄이 교회에는 못 들어오니 교회 안에 있으면 안전합니다"(이렇게 말해 주고 싶다. "제발, 저를 믿으세요. 제가 주교입니다. 사탄도 다른 사람들처럼 교회 지리에 밝습니다")라고 믿어서 안전 규칙을 무시한다는 보도에 가슴이 철렁 내려앉는다. 이것은 기독교 신앙에 먹칠을 하는 일종의 미신이다. 마찬가지로, 교회 폐쇄에 대한 논의도 교회 건물이 자신의 영성에 꼭 필요했던 사람들과 어디에서나 하나님을 예배할 수 있으므로 그런 것들은 불필요하다는 사람들 사이에 논란을 촉발하기 쉽다. 양편이 다 현재 위기에서 배울 것이 있으니, 기도로 서로 지지해 주는 편이 온당하다.

많은 사람이 지적했듯이, 그런 기도에 대한 응답의 하나는 현재를 **포로기**로 인식하는 것일지도 모르겠다. 우리는 "바빌론의 강변"에 있다. 잃어버린 일상으로 인해 혼란스럽고 슬프다. "우리가 어찌 이방 땅에서 주님의 노래를 부를 수 있으랴?"라는 시편 137편 말씀은, "내가 어찌 컴퓨터 앞에 앉아서 성찬의 기쁨을 알 수 있으랴?" 혹은 "내가 어찌 형제자매들도 없이 예수님의 승천이나 성령 강림을 기념할 수 있으랴?"라고 쉽게 번역할 수 있다.

물론 시편 137편의 핵심은 이 시편이 '여호와의 노래'라는 것이다. 시를 쓸 수 없는 것에 대한 시를 쓰다니, 아이러니다.

그렇다면 탄식을 슬픔의 노래로 바꾸는 것이 탄식 훈련의 일부일지 모른다. 어쩌면 우리는 지금 당장 그런 방식으로 탄식하는 사람이 되어야 할지도 모른다. 우리는 평상시에 선호했을 방식으로 애통할 수 없는 현실을 애통해야 할지 모른다. 우리는 가능한 어떤 방식으로든 이런 질문들과, 이 질문들이 요구하는 새로운 훈련을 탐색할 필요가 있다. 어쩌면 이 역시 바빌론 생활의 일부로 받아들여야 할 것이다. 예레미야의 말대로, 우리는 이 체제에 정착하여 지금 있는 자리에서 "그 성읍이 번영하도록" 힘써야 한다. 하지만 우리가 원하는 곳에 있는 것처럼 행동하지는 말자. 예루살렘을 잊지 말자. 여기 눌러앉기로 작정하지 말자.

이 부분에서 교회(와 유대 지도자와 사상가 같은 다른 집단)는 무슨 말을 할 수 있고 해야 하는지, 어떻게 말해야 서구 세계 지도자들이 듣고 지혜롭게 행동할 수 있을지 긴급하게 생각하고 기도해야 한다. 이를 위해서 이제 이 장의 마지막 부분으로 넘어가 보자.

어떻게 회복할 수 있을까?

아마도 가장 중요한 질문, 교회와 국가를 비롯한 모든 연관 단체가 가장 높은 수준에서 진지하게 나누어야 할 대화의 최상위에 있어야 할 질문은, 어떻게 하면 '새로운 일상new normal'으로 돌아갈 수 있느냐 하는 것이다. 어떤 사람들은 이 사태가 다 끝나면 더 친절하고 온화한 사회가 되리라는 실현되기 힘든 바람을 표현했다. 간호사들에게 급여를 더 많이 줄 것이다. 더 나은 의료 서비스를 위해 세금을 더 낼 준비가 될 것이다. 호스피스 운동에 더 많이 기부할 것이다. 수많은 차량과 비행기의 공해에서 벗어나 신선한 공기를 더 많이 누리게 되었으니 여행 욕심은 줄고, 가족과 이웃과 더 많은 시간을 보낼 것이다. 응급 의료 체제, 택배 회사를 비롯하여 우리를 돌봐 준 모든 사람을 존경할 것이다.

정말 그랬으면 좋겠다. 하지만 제약이 사라지기가 무섭게, 엄청난 속도로 온갖 방식으로 그런 사업들이 시작될 것이다. 그것은 마땅하고 올바른 일이다. 파산을 피하려고 필사적인 사람은 자동차나 비행기가 도움이 된다면, 그것을 다시 사용하는 것에 대해 두 번 생각하지 않을 것이다. 폐쇄가 경제에 미친 영향이 이미 심각하고 앞으로는 더 심각해질 것이라는 이야기를 사방에서 듣고 있다. 그러면 문제는, 지도자들이 전시에 맞닥뜨린 비극적인 결정들과 비슷하다. 영국 대공습 때의 처칠Churchill을 생각해 보라. 그는 **이** 부대를 살리기 위해 **저** 부대를 희생해야 할지, **이** 공공건물 대신 **저** 주택 단지를 폭격하게 만들 암호 메시지를 적에게 보내야 할지 결정해야 했다. 이 글을 쓰고 있는 지금, 우리는 '안전하게 집에 머물기'에 집중하고 있는데, 이로 인해 파산, 실업, 사회적 불안의 측면에서 엄청난 비용이 소요된다. 그 때문에 어려움을 겪는 사람들에게 전달된 막대한 정부 지원금을 조만간 회수해야 할 것이다. 죽음을 최악의 결과로 보는 사람들과 경제적 붕괴를 최악의 결과로 보는 사람들이 토론을 벌인다면, 결국에는 서로 귀를 막고 험악한 대화만 오갈 것이다.

고대 이교도 세계에서처럼, 전염병은 사람들에게 이런 질문을 하게 한다. "어느 신이 분노한 것인가?" "어떻게 그 신들을 달랠 수 있을까?" 오늘날의 세속주의가 그 숨겨진 이교적 메시지를 조금씩 드러내면서, 현재 우리의 딜레마를 의술의 신 아스클레피오스Asclepius와 돈의 신 맘몬Mammon의 충돌로 보는 시각이 꽤 흥미를 끈다. 맘몬은 주기적으로 인간 희생 제물을 요구한다. 현재와 같은 의료 위기 때 극빈층이 가장 위험한 이유가 그 때문이다. 전쟁의 신 마스Mars와 사랑의

여신 아프로디테Aphrodite가 멀리 떨어져 있지는 않지만, 아스
클레피오스 차례가 돌아온 것이 나쁘지는 않다. 인기 절정의
신 맘몬이 더 많은 인간 희생 제물을 기대하면서 다음 골목에
서 우리를 부르는 소리가 들린다고 해서, 치료의 중요성을 축
소하는 것은 받아들일 수 없다.

국가 조직이 온전히 살아 있는 인간의 현명한 상호 작용이
라기보다는 기계인 것처럼, 순전히 실용적인 관점에서 이 모
든 일에 접근한다면, 그 결과는 뻔하다. 약한 사람들은 또 실
패할 것이다. 그들은 대개 그렇다. 2008년 경제 위기 이후에,
공적 긴급 구제 기금을 받은 은행과 거대 기업들은 재빨리
예전 방식으로 돌아간 반면, 영국의 극빈층은 더 가난해져서
그 상태로 남았다. 누군가는 일어서서 경고문이 아니라, 시
편 72편을 읽어야 한다. 이 시는 교회가 말만이 아니라 실제
적인 제안으로 분명히 표현해야 할 우선순위 목록이다.

하나님, 왕에게 주님의 판단력을 주시고 왕의 아들에게 주님의
의를 내려 주셔서…
왕이 의를 이루면 산들이 백성에게 평화를 안겨 주며, 언덕들이
백성에게 정의를 가져다줄 것입니다.
왕이 불쌍한 백성을 공정하게 판결하도록 해주시며, 가난한 백

성을 구하게 해주시며 억압하는 자들을 꺾게 해주십시오.…

진실로 그[의로운 통치자]는, 가난한 백성이 도와 달라고 부르짖
을 때에 건져 주며, 도울 사람 없는 불쌍한 백성을 건져 준다.
그는 힘없는 사람과 가난한 사람을 불쌍히 여기며, 가난한 사람
의 목숨을 건져 준다.
가난한 백성을 억압과 폭력에서 건져, 그 목숨을 살려 주며, 그
들의 피를 귀중하게 여긴다.

(시편 72:1-4; 12-14)

이마저도 희망 사항으로 조롱당할 수 있다. 하지만 이것이
최상의 상태인 교회가 늘 믿고 가르치고, 최전선의 교회가 늘
실천한 바다. 교회 초기에, 로마 황제와 지역 총독들은 기독
교에 대해 제대로 알지 못했다. 하지만 이 이상한 운동에 '주
교'들이 있어서 가난한 사람들의 필요를 늘 살폈다는 것은 알
았다. 오늘날 사람들이 그런 인상을 받으면 좋지 않겠는가?
어떤 사람들은 대수롭지 않은 증상으로 격리되는 반면, 어
떤 사람들은 '사회적 거리 두기'가 달나라 여행만큼이나 어려
운 번잡한 난민 수용소나 제3세계 도심에 살 수밖에 없는 세
상에서 이것은 무슨 뜻일까? 우리는 세계적으로 생각하고 지

역적으로 행동해야 한다. 하지만 그렇게 하면서, 빠른 자가 부당 이익을 취하는 세계로 쉬이 돌아가지 않는 예방 정책을 찾기 위해 전 세계 교회 지도자들과 동역해야 한다. 물론 그 와중에, 세계보건기구를 강화하고, 세상 모든 나라가 그 정책과 규약을 철저히 지켜야 한다고 주장할 필요도 있다. 현 위기를 사람들의 이목을 끌거나 다른 정치 게임의 기회로 삼는 일부 초강대국들에게 던져야 할 중요한 질문들도 있다. 전자 소문 제조기나 '가짜 뉴스' 채널도 한몫하고 있다.

이제 다시 탄식이라는 주제로 돌아가려 한다. 가난한 사람과 궁핍한 사람을 명단 맨 위에 올리는 메시아의 의도를 보여주는 시편 72편 바로 뒤에, 부자와 권력자가 늘 그렇듯 자기 식대로 사는 것을 불평하는 73편이 이어지는 것은 우연이 아닐 것이다. 어쩌면 이것이 우리가 살아갈 수밖에 없는 현실인지도 모른다. 이상적인 모습을 언뜻 보았을 뿐, 그 뒤로는 죽 부조리한 실상과 싸우는 삶. 하지만 그런 현실과 함께 살 수 있는 유일한 길은 그런 현실을 붙잡고 **기도하는** 것이다. 창조 세계와 함께 신음하면서, 성령이 우리 안에서 탄식함으로 새로운 창조세계가 탄생할 수 있도록 비전과 현실을 나란히 붙잡는 것이다. 지금 당장 우리에게 필요한 것은, 이 도전적인 순간에 바로 궁정의 요셉처럼 일할 수 있는 사람, 상황을 분석하고 어떻게 대처해야 하는지 비전을 그려 줄 사람이다. 정치인과 같은 현명한 리더십을 지니면서도, 앞으로 몇 달 동안 닥칠 도전들을 비전과 현실주의를 겸비하여 생각하고, 다른 사람들과 나란히 자리를 잡고 기도하는 그리스도인 지도자들이 필요하다. 앞으로 우리는 진정한 새로운 가능성의 표지, 옛 체제를 재생하여 더 나은 새로운 체제를 발명할 새로운 운영 방식, 그리하여 새 창조의 전조를 내다볼 수 있는 운영 방식을 볼 수도 있다. 아니면, 똑같이 구태의연한 다툼, 똑같이 구태의연한 얄팍한 분석과 해결책만 나오는 '평상시와 다름없는 상태'로 돌아갈 수도 있다.

우리가 교회나 골프 클럽이 문을 닫거나 사업이 지연되어서 초조해하며 자리에 앉아 마냥 기다린다면, 기존 세력이 지배할 가능성이 크다. 맘몬은 매우 강력한 신이다. 우리 지도자들은 맘몬을 어떻게 달래야 하는지 안다. 그게 실패하면, 전쟁의 신 마스가 있다. 주님이 우리를 그의 손아귀에서 구원해 주시기를 기도한다. 우리가 이 어두운 세력을 피하려면, 그 위험을 경계하고, 기도하면서 적극적으로 주도권을 잡아야 한다. 마당에 꽃을 심어 놓으면, 잡초가 훨씬 줄어든다.

나는 다른 신앙 공동체의 지도자들은 물론이고, 교회 지도자들에게조차 앞으로 다가올 시간을 어떻게 계획해야 할지,

정부에 어떻게 압력을 넣어야 할지 말할 위치에 있지 않다. 하지만 교회와 국가 지도자들을 지켜보고 기다리고 그들을 위해 기도하는 우리는, 이 탄식의 시기를 기도와 소망의 시간으로 활용해야 한다. 이집트의 요셉처럼, 상처 입은 하나님의 세상 전반에 창의적이고 치유하는 정책과 행동을 불러올 현명한 인간 지도력과 주도권을 소망해야 한다.

주님의 빛과 주님의 진리를 나에게 보내 주시어, 나의 길잡이가 되게 하시고,

주님의 거룩한 산, 주님이 계시는 그 장막으로; 나를 데려가게 해주십시오.

하나님, 그때에, 나는 하나님의 제단으로 나아가렵니다. 나를 크게 기쁘게 하시는 하나님께로 나아가렵니다.

하나님, 나의 하나님, 내가 기뻐하면서, 수금 가락에 맞추어 주님께 감사하렵니다.

내 영혼아, 어찌하여 그렇게도 낙심하며, 어찌하여 그렇게도 괴로워하느냐?

하나님을 기다려라. 이제 내가, 나의 구원자, 나의 하나님을, 또다시 찬양하련다.

(시편 43:3-5)

하나님과 팬데믹: 코로나와 포스트 코로나 시대에 대한 기독교적 성찰

톰 라이트 지음 | 이지혜 옮김

2020년 6월 17일 초판 1쇄 발행
2020년 10월 5일 초판 6쇄 발행

펴낸이 김도완   **펴낸곳** 비아토르
등록 제406-2017-000014호(2017년 2월 1일)   **주소** 경기도 파주시 문발로 197 102호(우 10881)
전화 031-955-3183   **팩스** 031-955-3187
전자우편 viator@homoviator.co.kr

편집 김명희   **디자인** 임현주
제작 제이오   **인쇄** (주)민언프린텍
제본 (주)정문바인텍

ISBN 979-11-88255-59-7 03230   **저작권자** ⓒ 톰 라이트, 2020

이 도서의 국립중앙도서관 출판예정도서목록(CIP)은 서지정보유통지원시스템 홈페이지(http://seoji.nl.go.kr)와 국가자료종합목록시스템(http://www.nl.go.kr/kolisnet)에서 이용하실 수 있습니다.(CIP제어번호 : CIP2020022914)